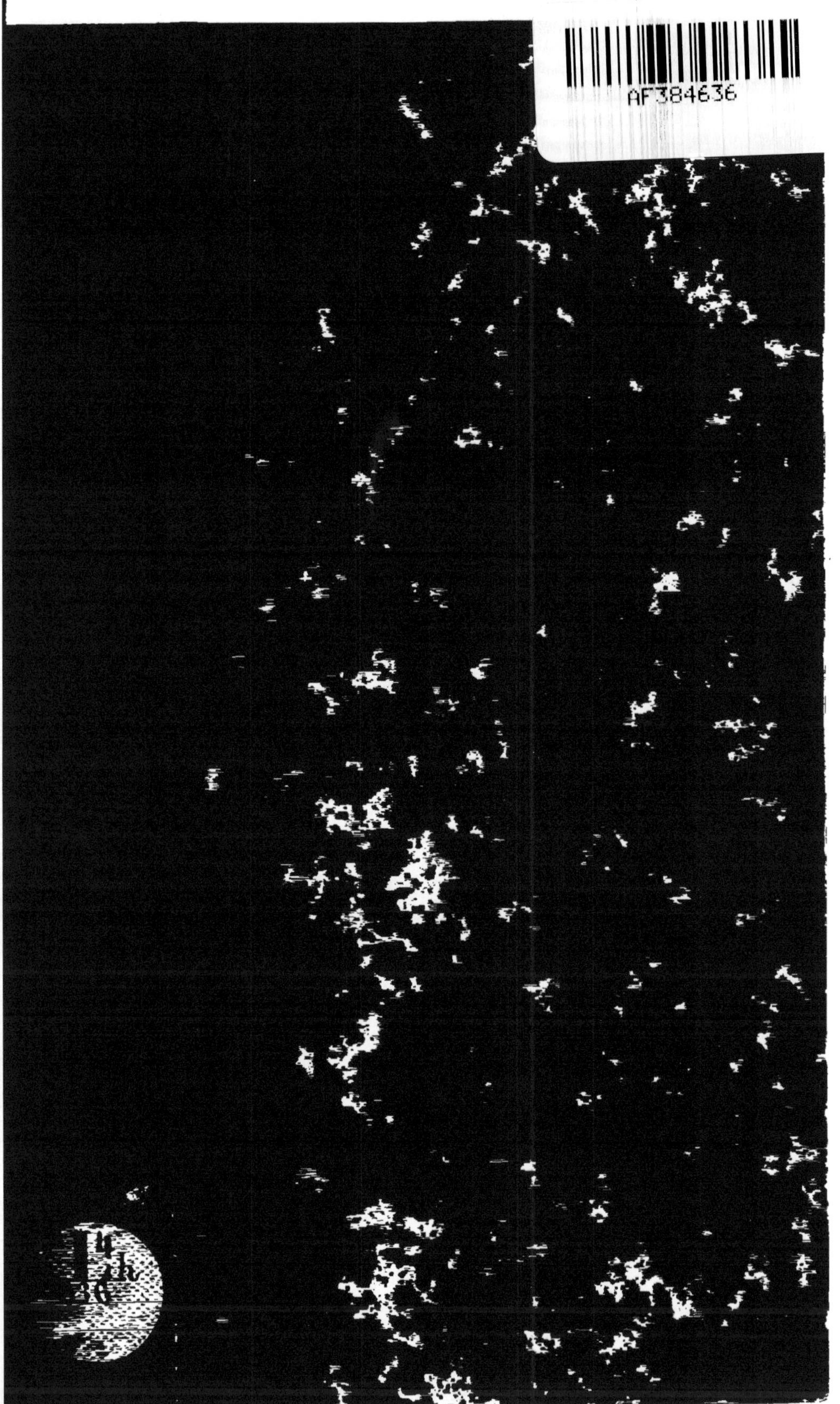

CAMPAGNE DE SAXE

EN 1813

CAMPAGNE

DE SAXE

En 1813

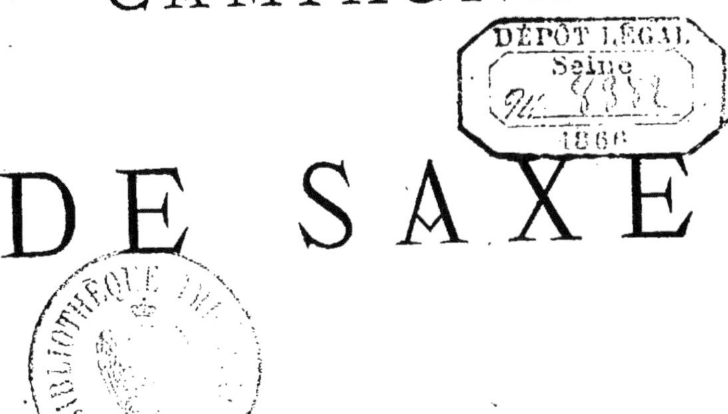

PARIS

ACHILLE FAURE, LIBRAIRE-ÉDITEUR

23, BOULEVARD SAINT-MARTIN, 23

1866

CAMPAGNE DE SAXE

EN 1813

M. Thiers dans tout le cours de son histoire, ne blâme, en Napoléon, que l'homme politique, mais, par contre, il admire continuellement l'homme de guerre, au point de s'extasier devant tous ses plans, qui lui paraissent tous n'être que le produit des plus vastes et des plus profondes combinaisons que jamais on ait vues ; et, en parlant de cette mémorable campagne de Saxe, qui décida du sort de cette immense fortune, il se demande si, dans la disposition de ces corps d'armée qu'il trouvait trop éloignés de Gorlitz, qui était le centre des opérations au commencement des hostilités, il se demande s'il y avait une erreur de calcul dans les prévisions d'un esprit aussi profond tacticien et aussi expérimenté que Napoléon ?

Et M. Thiers répond non; par cette raison, dit-il, « qu'en portant à Gorlitz son corps le plus avancé, il « n'opposait pas assez d'obstacles à un mouvement que « les armées coalisées pouvaient être tentées d'exécuter « par leur droite, pour arrêter le maréchal Oudinot « dans sa marche sur Berlin. A Lowemberg au con- « traire, dit-il, (16e volume, page 257), les 100 000

Nota. Les chiffres pour une étude de ce genre, étant de la plus haute importance. nous croyons devoir dire qu'il sont puisés dans le 16e volume de l'histoire de M. Thiers, auquel on fera bien de recourir pour l'intelligence de cette étude.

X.....

« hommes de Ney, de Marmont, de Macdonald, em-
« pêchaient absolument les armées ennemies de Bohê-
« me et de Silésie de se transporter dans la Lusace
« par le Brandebourg et de secourir Berlin. »

Nous ne voulons pas critiquer le côté politique de
cette campagne dont M. Thiers a si bien fait ressortir
les défauts dans son histoire ; mais nous voulons prouver que plusieurs des prévisions de Napoléon étaient ir-
réalisables et que, dans cette campagne, il fut très-sou-
vent mal inspiré. Nous prouverons notamment, qu'il
pouvait laisser à Gorlitz son corps le plus avancé, sans
craindre davantage pour la marche du général Oudinot
sur Berlin. Qu'il suffisait pour cela d'effectuer cette
marche plus en arrière par la rive gauche de l'Elbe.
Nous prouverons encore que Napoléon avait tort de
craindre de voir les armées de Bohême et de Silésie
aller au secours de Berlin, et si ces deux armées eussent
pris une pareille détermination, bien loin d'être une
chose fâcheuse pour Napoléon, c'eût été au contraire la
chose la plus heureuse qui pouvait lui arriver, en ce que
le théâtre de la guerre se serait porté au Nord, et qu'on
en aurait ainsi fait subir toutes les horreurs à ceux de nos
ennemis qui nous étaient les plus hostiles, au lieu de
les faire subir aux Saxons qui étaient nos alliés. L'armée de Bohême, privée ainsi des montagnes de Bohême,
qui étaient pour elle des retranchements naturels et sûrs,
devenait saisissable, elle aurait été obligée, en venant au
Nord, d'en venir immédiatement à une action décisive,
car elle n'aurait au Nord pu faire comme en Bohême,
où elle était là, comme un rat dans son trou, ne sortant que lorsque le moment lui paraissait propice, c'est-
à-dire que lorsqu'elle croyait Napoléon sur le Bober,
elle n'aurait pu faire ce jeu qui nous épuisa tant et qui
consistait à s'avancer sur nos ailes quand Napoléon n'y
était pas et à reculer dès qu'il approchait, ce qui, on
l'a vu, obligea Napoléon à faire des courses inutiles et
d'autant plus nuisibles qu'il ne pouvait pas saisir l'en-

nemi. Or, on conviendra que s'il avait pu dès l'abord engager une bataille contre nos ennemis, fussent-ils tous réunis dans la Lusace, il pouvait s'en tirer avantageusement. Porter la guerre vers le Nord, avait encore cet avantage de nous permettre de secourir plus promptement nos troupes enfermées dans les places fortes de l'Oder et de la Vistule, parce que là, en nous supposant victorieux comme nous le fûmes à Dresde le 27 août, nous pouvions immédiatement aller camper sur l'Oder, sans avoir rien à craindre pour nos places de l'Elbe ; nos garnisons de l'Oder et de la Vistule secourues, devenaient pour nous un solide point d'appui, et d'autant plus solide que les soldats que nous avions là, étaient tous excellents ; étant les débris de la campagne de Russie, ils étaient rompus à toutes fatigues, et comme valeur ces 50 000 hommes en valaient bien 100 000 de ceux que Napoléon avait à Dresde. Ainsi donc, Napoléon en poussant l'ennemi et en portant le théâtre de la guerre de ce côté-là, aurait vu ses forces s'accroître continuellement, tandis que celles des alliés ne pouvaient que diminuer et nullement se refaire, sauf pourtant les Russes qui se trouvaient eux-mêmes plus à portée de leurs réserves.

Et une fois arrivé sur l'Oder, Napoléon avait dans Dantzig un tel appui, qu'il n'était pas possible aux alliés de se défendre derrière l'Oder. Disons plutôt : dès que Napoléon devenait maître de Berlin il devenait maître de l'Oder et de la Vistule. Il n'y avait que ces deux alternatives pour les alliés ; c'était de nous battre et alors nous étions rejetés sur l'Elbe, sinon, eux-mêmes étaient contraints de se reporter derrière la Vistule.

On voit donc qu'il n'y avait rien à craindre pour nous à ce que les alliés portassent la guerre au Nord, et que de ce côté il nous semble qu'il nous était tout aussi facile de les battre qu'en Saxe.

Mais nous voulons surtout démontrer que ce n'est pas à sa politique qu'il faut attribuer les fausses positions dans lesquelles il se trouva en Saxe ; et sans nier l'influence de sa politique nous voulons convaincre nos lecteurs qu'il faut plutôt attribuer ses revers de 1813 à ceci ; c'est que son jugement fut moins profond, moins sûr que d'habitude et qu'il mit moins de suite dans ses idées.

Nous dirons tout d'abord que notre intention n'est point de rabaisser les talents de Napoléon, qui, à nos yeux, malgré les erreurs que nous allons relever, n'en reste pas moins le premier des hommes de guerre des temps modernes et de l'antiquité. Non, si notre intention est de démontrer qu'il ne fut point infaillible dans son art, nous n'avons d'autre désir que de rétablir la vérité. Ce qui aura plutôt pour but, non de rabaisser, mais de rehausser si c'est possible ses mérites que nous aurons le soin de signaler, de même que nous aurons le courage de relever ses erreurs. Oui, il nous a fallu du courage pour oser signaler des erreurs militaires chez un homme aussi extraordinaire, dont nous reconnaissons le grand génie et dont ses adorateurs voudraient faire un homme infaillible, c'est-à-dire un Dieu ; or, notre admiration ne peut aller jusque là.

M. Thiers lui-même, lorsqu'il examine en Napoléon l'homme militaire, veut nous persuader qu'il a été infaillible ; il désaprouve bien l'idée que Napoléon a eue d'envoyer un corps d'armée sur Berlin ; il dit avec raison que c'était là trop élargir le cercle de ses opérations et qu'ainsi il courait le risque en allant à d'aussi grandes distances pour secourir son aile gauche, de mettre son aile droite à la merci de l'ennemi, et *vice versa.* Cela est parfaitement vrai, et ce fait a été, malheureusement pour nous, trop souvent justifié durant cette campagne, pour qu'il soit possible de le contester. — Mais M. Thiers, — et c'est là où nous différons avec lui, attribue cette défectuosité du plan de Napoléon non pas à une défectuosité de sa tactique mais à sa mauvaise politique.

« C'est, dit M. Thiers, à sa politique démesurément

« ambitieuse qu'il faut attribuer cette faute qu'il com-
« mettait, en plaçant ses corps si éloignés de son centre.
« C'est, dit-il, pour s'être créé un trop grand nombre d'en-
« nemis à la fois, qu'il pêche dans ses plans, c'est pour
« maintenir son prestige, pour satisfaire enfin son insa-
« tiable orgueil, qu'il se voyait obligé d'étendre trop
« au loin ses opérations, pour frapper tous ses ennemis
« à la fois, pour obtenir des résultats plus prompts et
« plus grandioses. » C'est, dit-il encore, pour toutes ces
causes réunies qu'il fut amené à concevoir des plans
défectueux et à étendre trop au loin ses corps d'armée.

Examinons donc quelles pouvaient être les conséquences de cette politique sur les résultats de cette
campagne afin de voir si le jugement qu'en porte
M. Thiers est juste, c'est-à-dire si c'est réellement bien
à sa politique qu'il faut attribuer le défaut de ses plans
et en définitive nos revers de 1813.

Sans doute les déplorables exigences de Napoléon le
mirent dans la nécessité de combattre un mois plus tôt
qu'il ne le désirait et par suite avec des forces moindres
que celles qu'il espérait au moment des négociations.
De plus ces exigences mirent les Autrichiens contre nous,
tandis que s'il eût été juste, il les aurait eus avec lui,
ainsi que M. Thiers l'a démontré.

Sans doute, son insatiable orgueil, son désir de dominer, de commander seul en Europe et d'étouffer l'indépendance de tous les autres peuples, avait pour
inconvénient de les exalter, des agneaux il en faisait des
lions : En effet, dans cette situation, un peuple, une
armée perd moins facilement courage, ou plutôt le
désespoir de se voir asservi, lui fait braver tous les
dangers. Telle a été la situation d'esprit de tous les Allemands en 1813, situation qui a été d'un grand poids
dans nos défaites ; Napoléon l'a vivement senti ; la dé-
fection des Saxons, qui se firent un devoir de nous
trahir, et les vingt mille hommes qu'il fut obligé
d'employer au lendemain même de notre victoire de

Dresde, pour réprimer le pillage que les guérillas allemandes exerçaient sur nos convois d'approvisionnements sont des preuves irréfutables de cet esprit de l'opinion publique ; car de pareils faits ne s'étaient pas produits dans ces mêmes pays lors de nos précédentes campagnes ; nous n'avions encore vu de guérillas qu'en Espagne ; mais en 1813, les Allemands, ceux mêmes qui nous étaient alliés, employèrent ce moyen nouveau de nous combattre. Sans doute, si l'on veut bien remarquer que des guérillas ne peuvent avoir quelques succès que chez un peuple qui défend son indépendance, on verra certainement combien a été grande la faute politique de Napoléon, de s'être aliéné ainsi l'esprit des populations.

Jusqu'en 1809, cet esprit d'indépendance avait eu peu d'empire sur le peuple allemand, écrasé d'impôts par ses seigneurs, traité comme un esclave, il avait plutôt vu en nous des libérateurs que des conquérants, que des dominateurs. Mais après la guerre d'Espagne, après la campagne de Russie de 1812 et après celle du printemps de 1813, pouvait-il conserver cette illusion ?

Le soldat français lui-même dont l'esprit généreux et indépendant avait enflammé le courage jusqu'en 1809, se sentait-il en 1813 soutenu par d'aussi nobles ambitions, et devait-il continuer à nourrir cette illusion généreuse, qu'il ne se battait que pour soutenir l'indépendance de notre patrie ?

Hélas ! Napoléon lui-même ne se trompait pas sur l'esprit du soldat, pas plus que sur celui des officiers et de ses principaux lieutenants, dont la plupart conservaient vivants dans leurs cœurs les grands principes de notre révolution.

Certainement que les lieutenants de Napoléon n'osaient lui avouer leurs sentiments ; mais les désapprobations d'une telle politique étaient sur tous les visages et Napoléon si profond observateur en était vivement piqué ; aussi fit-il, en juillet, durant les négociations de Prague, des prodiges d'efforts pour les convaincre qu'il ne s'agissait que de l'honneur et de l'indépendance de la France ; mais ce fut en vain ;... lui-même si entraînant lorsqu'il disait vrai, demeurait froid et peu éloquent ; tant il est vrai encore, que la vérité seule a le don d'émouvoir nos cœurs et la justice seule celui d'enflammer nos âmes. Ses lieutenants demeurèrent convaïncus qu'il ne sagissait plus pour Napoléon que de lutter pour l'orgueil de dominer les autres nations et qu'il n'y avait plus d'autre droit en Europe que le droit du plus fort.

Telles sont à peu près toutes les conséquences de la politique de Napoléon.

Mais, malgré notre bonne volonté, nous ne pouvons voir dans les inconvénients de cette politique ce qui pouvait obliger Napoléon a étendre trop le cercle de ses opérations et à porter ses ailes à des distances trop grandes.

Mais nous voulons aller plus loin, et donner de meilleures preuves des torts de la tactique de Napoléon en 1813 ; c'est-à-dire que sans nier les tristes influences que cette excessive ambition avait eue sur les résultats de cette campagne, et au contraire en tenant bien compte de tout cela, nous voulons prouver, ainsi que nous l'avons dit plus haut, que malgré les défectuosités de sa politique, malgré la jeunesse de nos soldats, malgré notre infériorité en nombre, oui, malgré le grand nombre de ses ennemis, il pouvait donner d'autres dispositions à ses corps d'armée, suivre d'autres marches, agir enfin autrement qu'il a agi en bien des circonstances, et *satisfaire quant même son insatiable orgueil, maintenir son prestige, frapper tous ses ennemis à la fois et obtenir des résultats aussi prompts et aussi grandioses que ceux qu'il espérait.*

C'est ce que nous voulons démontrer, et c'est ce qui fera voir que ce n'est pas à sa politique qu'il faut attribuer le défaut de ses plans, et que ces défauts ne sont dus qu'à des inspirations moins heureuses, et à un jugement moins sûr, moins fécond que d'habitude.

Cette faute d'étendre trop ses ailes, M. Thiers en a très-bien fait ressortir tous les inconvénients (16 vol. page 257). « Car — dit-il — si Napoléon était attiré « à l'une des extrémités, s'il était appelé à Dresde par « exemple, il se pouvait que sur le Bober il arrivât un « grand malheur à l'un de ses lieutenants et qu'il vînt « trop tard pour y remédier, puisqu'il faudrait six jours « au moins pour y amener des renforts, ou bien que « s'il était à l'extrémité opposée, c'est-à-dire à Lowem- « berg, Dresde à son tour se trouvât en péril d'être se- « couru trop tard. En un mot pour manœuvrer con- « centriquement autour de Dresde comme il l'avait fait « jadis autour de Vérone, avec une réserve placée au « centre, et portée alternativement sur tous les points « de la circonférence, le cercle était trop grand, le « rayon trop allongé. »

Relevons tout d'abord une erreur, de la part de M. Thiers, qui se trouve dans cette dernière phrase, et qui ne peut être attribuée qu'à une faute d'inattention de sa part. Ce n'est point Dresde qui fut le centre des opérations de Napoléon ; au début de la campagne, Dresde ne fut que l'extrémité d'un rayon, un des points de cette circonférence dont Gorlitz était le centre. Ce n'est là qu'une faute d'inattention de la part de M. Thiers, puisqu'à la première ligne du passage que nous venons de citer il dit — « s'il était attiré à l'une des *extrémités*, « s'il était attiré à *Dresde* par exemple. »

Mais cette faute n'enlève rien à la valeur de son raisonnement et il a bien raison de dire que le cercle était trop grand, trop allongé.

A plus forte raison ce raisonnement s'applique au corps destiné à agir sur Berlin, et ainsi qu'il est arrivé, Napoléon pouvait être retenu au midi de Dresde, et Oudinot au même moment éprouver un malheur, et qu'il se trouvât par conséquent dans l'impossibilité de venir assez tôt au secours de ce dernier.

Mais ce qui démontre que c'est là une faute de tactique et non une faute de sa politique qui l'obligea à prendre de si mauvaises dispositions, c'est que nous allons prouver qu'il pouvait satisfaire à ses intentions, c'est-à-dire, aller à Berlin sans se placer dans la fausse position que nous venons de signaler, et se mettre par conséquent à l'abri des reproches que lui adresse M. Thiers, c'est-à-dire, qu'il aurait pu ne placer son corps le plus avancé qu'à Gorlitz et couvrir tout aussi bien la marche du maréchal Oudinot sur Berlin.

En effet la position du corps d'Oudinot, ou pour mieux dire les dispositions dans lesquelles Napoléon plaçait ce corps, n'étaient défectueuses qu'en ce qu'il ne considérait ce corps que comme une de ses ailes à laquelle il comptait pouvoir porter secours en cas de besoin.

Là, est tout le côté défectueux de ce plan, défectuosité qui résidait tout entière dans la seule manière dont Napoléon considérait ce corps.

Au lieu de considérer ce corps comme une de ses ailes, c'est-à-dire comme un corps qu'il devait secourir en cas de besoin, s'il l'eut considéré comme un corps d'armée séparé, comme devant agir seul, et ne devant compter sur aucun secours en hommes; l'idée, dans cette hypothèse, d'aller à Berlin eût été excellente, et pouvait nous valoir les plus grands succès. Il y avait un grand nombre de motifs, et des plus importants, qui nous engageaient à aller à Berlin.

Cependant, on eût commis une faute, si on n'eût songé en allant à Berlin, qu'à punir l'orgueil des Prussiens, et qu'à ravitailler nos places fortes de l'Oder et de la Vistule; mais, c'eût été au contraire à notre avis un plan admirable, si au lieu de ravitailler nos places fortes, on eût songé à les abandonner et à rappeler à soi les 50 à 60 mille hommes qu'elles contenaient.

L'abandon momentané de ces places nous a paru une chose d'autant plus utile, qu'elles ne pouvaient nous servir que pour le cas où la guerre se fût portée au

Nord, c'est-à-dire que pour le cas, où l'armée de Bohême et de Silésie se fussent portées toutes les deux au secours de Bernadotte; mais ainsi qu'il résulte de ses correspondances, Napoléon fit tout son possible pour empêcher ces deux armées de Bohême et de Silésie de se porter au Nord, son intention était donc bien de faire de la Saxe le seul théâtre de la guerre; d'où nous concluons dans ce cas, qu'il a eu tort de ne pas rappeler à lui les hommes renfermés dans ces places si éloignées de la Saxe, qu'ils ne pouvaient servir à rien sur le théâtre que lui-même s'était choisi.

Ces places fortes étaient bien inutiles à garder, puisque leur possession ne nous assurait pas la conquête de ces pays, et que nous ne pouvions faire cette conquête qu'après avoir battu complétement les alliés sur l'Elbe. L'abandon de ces places nous eut donc procuré un renfort de près de 60 mille hommes, tous vieux soldats, rompus à toutes fatigues, en valant bien 100 mille de ceux que nous avions à Dresde. Cela nous permettait donc d'équilibrer nos forces avec celles des alliés, puisque par ce renfort nous aurions eu presque l'égalité du nombre. Il était donc nécessaire d'aller à Berlin pour les rallier, il est même probable qu'il aurait fallu faire encore la moitié du chemin de Berlin à Dantzig pour aller à leur rencontre; puis une fois ralliés, ce qui aurait donné à notre armée du Nord une force de 170 à 180 mille hommes, revenir immédiatement sur Berlin, fondre sur Bernadotte ou sur Blücher et même sur tous les deux ensemble, s'ils avaient eu l'idée de se réunir pour porter secours à Berlin. Dans tous les cas possibles Davoust avec 170 ou 180 millle hommes n'avait rien à craindre, et pouvait les tenir tous les deux en échec, et même les battre, puisqu'il avait des forces égales aux leurs réunies : dans ce cas Davoust aurait toujours empêché Blücher et Bernadotte de se réunir à l'armée de Bohême vers Leïpzig.

Ces 170 mille Français postés au Nord auraient donc

suffi à dégager l'armée du centre sous les ordres de Napoléon, qui aurait ainsi acquis une liberté de mouvement bien précieuse; il aurait pu, que Blücher se fût réuni à Bernadotte ou qu'il fût resté en face de Macdonald sur le Bober, il aurait pu, dis-je, courir à fond sur l'armée de Bohême, la poursuivre et la disperser, sans concevoir la moindre crainte pour ses lieutenants ni pour sa ligne de l'Elbe.

Reste à savoir si tous ces mouvements, si ces 170 mille Français pouvaient se réunir au Nord vers Berlin aussi facilement que nous venons de le dire, c'est-à-dire sans avoir besoin d'aucun secours de Napoléon.

Là, est la chose importante à prouver, problème qui est tout entier du ressort de la tactique, comme on va en juger :

Il est utile de rappeler quelle devait être, suivant les intentions de Napoléon, la composition de ce corps d'armée qu'il dirigeait sur Berlin, et en même temps quelle devait être sa marche; puis nous dirons ensuite ce qui, suivant nous, aurait dû se faire.

M. Thiers nous l'apprend, 65 mille hommes sous les ordres d'Oudinot devaient d'abord se détacher des environs de Dresde, descendre l'Elbe par la rive droite jusqu'à Wittemberg; de là, par un mouvement de droite, se jeter par le chemin le plus court sur Berlin.

Napoléon espérait que ces 65 mille hommes seraient une force suffisante pour disperser, ou faire rétrograder Bernadotte au delà de Berlin, Ce qui permettrait aux 15 mille hommes renfermés dans la place de Magdebourg de rejoindre Oudinot à Berlin, ainsi que Napoléon en avait donné l'ordre. Cela permettait aussi à Davoust, qui en avait 40 mille à Hambourg et que Napoléon destinait comme les 15 mille hommes de Magdebourg, à rejoindre le corps d'Oudinot sous Berlin. Une fois ces corps réunis à Berlin, Davoust devait en prendre le commandement, et aurait eu ainsi 115 à 120 mille hommes sous ses ordres.

M. Thiers à rappelé le fâcheux échec que subit Oudinot à Gross-Beeren, et ensuite celui de Ney à Dennewitz, lesquels échecs mirent un complet obstacle à cette partie du plan de Napoléon, et qui eurent une influence si grande sur les résultats déplorables de cette campagne.

Voulant prouver que l'exécution de cette partie du plan de Napoléon a manqué par sa faute, à lui, et non par celle de ses lieutenants, ni par cause de sa politique; nous l'avons déjà dit, il suffisait de considérer ce corps destiné à agir sur Berlin, comme un corps d'armée séparé et le mettre dans une position telle, qu'il ne dut avoir aucun besoin de secours de Napoléon, afin de laisser à Napoléon son attention et ses forces tout entières tournées contre les armées de Bohême et de Silésie.

Partant de là, on va voir, par la suite, quels en auraient été les conséquences et les avantages pour la situation de Napoléon sur l'Elbe :

Mais pour mettre le corps d'Oudinot dans le cas de se passer des secours de Napoléon, il aurait fallu, — nous dira-t-on, — que Napoléon eût mis alors 50 000 hommes de plus à la disposition d'Oudinot?

Telle est la première objection qui nous a été faite par ceux de nos amis à qui nous avons fait part de notre manière de voir.

Et alors, — nous disaient nos contradicteurs, — pour renforcer Oudinot de 50 000 hommes, Napoléon se serait affaibli d'autant, et comme il avait en face de lui Blücher avec 100 000 hommes, et sur sa droite, l'armée de Bohême, qui en comptait 240 000, lesquelles forces ennemies étaient déjà bien supérieures à celles qu'il avait à leur opposer, que serait-il advenu s'il s'était affaibli encore de 50 000 hommes?

Nous en convenons, que s'il eût fallu diminuer ainsi les forces déjà bien inférieures de Napoléon, ce n'eût été que faire changer les inconvénients de place, sans en diminuer aucun.

Mais notre plan repose sur de bien meilleures conditions, comme on va voir :

Sans distraire un seul homme de plus de l'armée du centre, Napoléon pouvait placer l'armée du Nord dans une position assurée, indépendante de tous événements, et la faire arriver à Berlin sans échec.

Avancer une pareille proposition paraît bien imprudent, bien téméraire au premier abord.

Et cependant on va voir que la marche que nous allons indiquer était beaucoup plus simple, beaucoup plus facile à suivre, que celle ordonnée par Napoléon :

En effet, deux dispositions prises par Napoléon ont été cause de notre premier échec à Gross-Beeren.

C'est : 1° que cette marche sur Berlin, d'après la route choisie par Napoléon, était une des opérations les plus difficiles à exécuter, si l'on songe que Oudinot n'avait que 65 mille hommes à opposer aux 100 mille de Bernadotte, et 2° que l'ordre donné à Oudinot de marcher droit sur Berlin, l'exposait, dès qu'il aurait quitté l'Elbe, à se trouver surpris dans sa marche, par derrière et par devant, et de plus ayant ses corps séparés et incapables, par conséquent, de se prêter un mutuel appui.

Il aurait donc fallu, pour opérer une marche aussi hardie, aussi périlleuse, le meilleur des lieutenants de Napoléon.

Ne pouvant employer Masséna en ce moment, il n'y avait donc que le ferme Davoust qui pût accomplir une tâche aussi ingrate.

Le choix de Davoust aurait encore eu l'avantage de parer à l'inconvénient de la deuxième disposition, dont nous avons parlé ci-dessus, comme ayant été la cause de notre échec à Gross-Beeren.

Car, ainsi que nous l'apprend M. Thiers :

« Le maréchal Oudinot, aussi brave, aussi résolu sur le champ de bataille qu'on pouvait l'être, et qui n'avait pas exercé un commandement de cette importance, avait la noble modestie de se défier de lui-même, et osait à peine faire sentir son autorité à ses lieutenants Reynier et Bertrand. Aussi, n'ordonnait-il qu'avec des ménagements infinis, peu compatibles avec la vigueur et la promptitude du commandement. »

De là, le peu d'ensemble et le peu d'appui que devaient se prêter et que se prêtèrent des lieutenants qui se jalousaient. Toutes ces causes réunies occasionnèrent notre échec de Gross-Beeren.

On peut donc dire que ces 65 mille hommes, entre les mains de Davoust, auraient eu beaucoup plus de chances pour rentrer à Berlin, lors même que ce dernier eût suivi la même route qu'Oudinot, parce que, lui, avait l'ascendant nécessaire et incontesté sur les généraux Reynier et Bertrand, qui se fussent pliés docilement à ses ordres.

Napoléon aurait donc dû rappeler Davoust d'Hambourg, et lui donner le commandement de ces 65 mille hommes, et envoyer Oudinot ou tout autre maréchal pour remplacer Davoust. Un maréchal, de talents ordinaires, aurait suffi pour conduire les 40 mille hommes de la garnison d'Hambourg à Berlin ; par cette raison que ces 40 mille hommes ne devant ou n'ayant pour tâche d'arriver que les derniers à Berlin, étaient censés n'avoir aucun corps important à combattre sur leur route.

Napoléon aurait d'autant plus facilement effectué ce changement de Davoust, que l'envoi d'un corps sur Berlin était une mesure prévue avant les hostilités, ainsi que l'a constaté M. Thiers.

Il y avait donc moyen, comme on vient de voir, d'éviter l'échec de Gross-Beeren, échec toujours très-redoutable, si l'on suivait la route indiquée par Napoléon, puisqu'il s'agissait, avec 65 mille hommes, de passer sur le corps de Bernadotte qui en avait cent mille. Napoléon avait, disons-nous, plusieurs moyens :

Ces moyens sont au nombre de deux :

Le premier, nous venons de l'indiquer, et il est d'une

grande importance à la guerre, car il est des généraux qui, à la tête d'une brigade, seront sans pareils, et qui ne seront jamais de leur vie aptes à commander deux ou trois divisions ; ils seront incomparables à la tête de 8 à 10 mille hommes, et complétement désorientés s'ils en ont 60 mille à commander. Il ne suffit donc pas qu'un chef d'une grande armée soit bon tacticien : pour obtenir de bons résultats, il faut encore qu'il connaisse bien les hommes, discerne leurs aptitudes, afin de donner à chacun le poste qui lui convient le mieux. Sous ce rapport, il faut convenir que Napoléon s'est rarement trompé ; cette science, que nous appellerons la science de l'homme, et qui est bien la moins développée de toutes les sciences, Napoléon la possédait au plus haut degré, et c'est, sans aucun doute, ce qui lui a valu les plus grands avantages de son étonnante carrière. Dans ce cas, par exemple, le seul changement de Davoust contre Oudinot eut peut-être assuré la marche sur Berlin.

Napoléon s'est donc trompé sur le choix de son lieutenant ; c'est là, nous le répétons, une faute qu'il commettait bien rarement.

Examinons, maintenant, le second moyen d'éviter l'échec de Gross-Beeren.

Etant admis l'emploi du maréchal Oudinot, on pouvait, — dis-je, — encore éviter tout échec, et cela sans diminuer en rien les forces que Napoléon s'était réservées au centre.

Ce moyen eût consisté à éviter Bernadotte, ou tout au moins à le placer dans la position la plus désavantageuse et la plus critique, pour le cas où il aurait eu l'envie d'attaquer Oudinot. La chose était plus facile qu'on ne pense.

En effet, on a vu que dès qu'Oudinot eut quitté la rive droite de l'Elbe, qu'il se trouva dès lors dans la plus mauvaise position de marche, exposé à être enveloppé, marchant parmi des populations hostiles, par conséquent mal renseigné ; il pouvait donc être surpris en marche, pendant que ses corps étaient séparés, et n'avoir pas le temps de les rallier.

Mais si, au lieu de suivre cette route, Napoléon eût fait prendre à Oudinot la rive gauche de l'Elbe, arrivé à Torgau, passer sur la gauche et suivre tout le long le cours de ce fleuve jusqu'à Magdebourg, qu'aurait-il eu à craindre par cette route ?

N'est-il pas même raisonnable de penser que, couvert pour ainsi dire caché par l'Elbe, il fût peut-être parvenu à Magdebourg, avant que Bernadotte s'en doutât ?

Mais, supposons que Bernadotte eût été instruit de ce mouvement d'Oudinot, qu'aurait-il pu faire ?

Tous les ponts de l'Elbe nous appartenaient ; si Bernadotte eût voulu arrêter Oudinot, il eût donc été obligé de passer l'Elbe, d'établir les ponts en face d'Oudinot, ce qui devait l'occuper deux jours, au moins, pendant lesquels Oudinot aurait eu tout le temps nécessaire pour rallier à lui ses lieutenants, et s'opposer au passage de son adversaire.

Supposons même ce passage effectué après de grandes pertes, quelle n'allait pas être la position de Bernadotte, obligé de nous combattre dans cette position, un fleuve à dos ? N'est-ce pas là une des positions les plus critiques que l'on puisse choisir pour attaquer.

Est-il même raisonnable de supposer que le craintif Bernadotte eût eu une pareille audace ?

Dans tous les cas, on voit que suivre la rive gauche de l'Elbe offrait cet immense avantage que ce fleuve nous eût servi de rempart tout le long de notre marche, et que nous n'avions plus à redouter d'être surpris, ni par notre front, ni par nos derrières, ni par nos flancs, ce qui, dans une marche, est un énorme avantage ; car, si Bernadotte nous eut trouvés réunis à Gross-Beeren, il est permis de penser que peut-être il ne nous eût pas fait reculer.

Mais, — nous dira-t-on, — cette route de la rive gauche que vous indiquez, nous eût fait perdre cinq à six jours.

C'est vrai. Mais par contre, outre les avantages que nous venons d'indiquer, elle avait celui, bien précieux aussi, de nous permettre de marcher bien plus promptement, car nous aurions marché en toute sûreté, notre marche en devenait plus rapide, et par cela même pouvait compenser un peu du temps que nous allions perdre pour faire le détour.

Mais, ce n'est pas tout ; cette marche sur la gauche de l'Elbe, si elle était plus longue, avait encore d'autres avantages bien précieux. C'était, une fois arrivée à Magdebourg que cette armée augmentait sa force de quinze mille hommes, qui lui étaient désignés pour la renforcer. Oudinot aurait donc vu s'élever ses forces à quatre-vingt mille hommes, et avec une telle force, soit qu'il eût marché de Magdebourg sur Berlin, soit qu'il eût encore remonté l'Elbe jusqu'à Verben, où devait se trouver Oudinot avec quarante mille hommes, il n'aurait rien eu à craindre de Bernadotte, dans aucun de ces deux cas.

A notre avis, la marche la plus convenable eût été de continuer à suivre la gauche de l'Elbe, et à se couvrir de ce fleuve jusqu'à Verben, ville fortifiée sur l'Elbe, qui était en notre possession, le rendez-vous étant donné là par Davoust, lequel prenant alors le commandement aurait eu ainsi cent vingt mille hommes. Passant alors l'Elbe sur les ponts de Verben, nous nous jetions sur la rive droite, et nous tombions droit sur Berlin sans coup férir. Par là, nous pouvions avoir la chance de couper les communications de Bernadotte, de tomber sur ses derrières et sur son flanc gauche avec des forces supérieures aux siennes, et lui faire éprouver un grand désastre ; à moins toutefois que, prévenu à temps, et agissant avec une craintive prudence, il se fût retiré au nord vers la mer, ou au devant de Berlin avant l'arrivée de Davoust.

Dans ces deux cas, en suivant cette route, il ne pouvait donc nous arriver que deux choses, c'était, ou de gagner une grande bataille sur Bernadotte avant que d'arriver à Berlin, ou d'arriver à Berlin sans perdre un seul homme.

De plus, en rejetant Bernadotte vers le nord, la force de la coalition était ainsi diminuée de cent mille hommes ; tandis que par le fait, lui, Napoléon n'avait fait qu'augmenter la sienne des soixante-cinq mille hommes que contenaient les places de Magdebourg et d'Hambourg, qui devenaient ainsi forces actives, et qui néanmoins assuraient tout aussi bien de Berlin nos communications entre Hambourg et Dresde, que si elles fussent restées dans ces villes et peut-être mieux. Cette concentration de cent vingt mille hommes à Berlin n'eût pas permis à Blucher de s'aventurer dans le mouvement tournant qu'il accomplit plus tard sur l'Elbe, de concert avec Bernadotte.

Il était donc de la plus haute importance que cette concentration eût lieu à Berlin.

Mais, — nous dira-t-on encore, — Bernadotte aurait pu profiter, pendant qu'Oudinot était en marche de Magdebourg sur Verben, profiter, dis-je, du passage qu'on lui laissait libre, pour traverser l'Elbe entre Villemberg et Magdebourg, et tomber sur Leipzig pour se rallier à l'armée de Bohême.

Une telle objection n'est pas sérieuse, parce qu'une telle audace n'était pas à craindre de la part de Bernadotte, d'autant plus que c'eût été un grand bonheur pour nous et cela pour trois motifs.

Le premier, c'est qu'il eût ainsi découvert Berlin, et permis à Oudinot d'y rentrer sans combattre.

Le second, c'est que par là il se trouvait coupé de ses communications, séparé de Blücher, ce qui est à la guerre une marche des plus critiques, que l'on ne doit tenter que pour de grands résultats.

Et le troisième motif, c'est que cette marche l'eût

exposé à se faire battre par Napoléon, ayant que d'avoir rejoint Schwarzemberg, et l'exposait à être pris et détruit jusqu'au dernier ; car il se fût enfermé là, dans un cercle de fer, dont rien n'aurait pu le tirer, il n'y avait d'issue nulle part.

Et la preuve qu'il n'aurait pas tenté une marche aussi aventureuse, c'est que même après nos deux échecs à Gross-Beeren et celui de Dennwitz, après nous avoir chaque fois contraint (non pas lui, mais ses lieutenants) à rétrograder, il n'eut néanmoins jamais le courage de nous poursuivre plus en avant, et qu'il laissa nos troupes se retirer en bon ordre, trop heureux déjà de nous avoir arrêtés deux fois dans notre marche ; à tel point que si plus tard Blücher ne l'eût pas rejoint, jamais il ne se serait hasardé seul sur Leïpzig, puisqu'il fallut toute l'énergie, toute l'impétuosité de Blücher pour le déterminer à passer l'Elbe.

Nous le répétons, une pareille témérité n'était pas possible de sa part.

On voit par l'examen auquel nous venons de nous livrer que la marche indiquée par nous n'offrait aucun inconvénient, et, au contraire, un grand nombre d'avantages qu'on ne pouvait pas espérer en suivant l'autre route.

Le premier et le plus important, c'était la sécurité de cette marche qui ôtait à Napoléon tout souci pour Oudinot.

Le second, c'est que par cette route il n'avait pas à craindre que Blücher pût opposer un obstacle à Oudinot dans sa marche, et qu'ainsi Napoléon n'aurait pas eu besoin de porter son avant-garde sur le Bober, pour sauvegarder cette marche. Il aurait pu laisser son avant-garde sur la Neisse, ce qui lui permettait de gagner six jours, pour le cas où il aurait eu à secourir son front et ses derrières.

Et le troisième avantage, c'était d'assurer la sécurité des quinze mille hommes de Magdebourg et des qua-

rante mille d'Hambourg, lesquels corps, d'après le plan
de Napoléon, devaient marcher seuls sur Berlin, et pouvaient bien être pris et détruits l'un après l'autre, même
en supposant qu'Oudinot fût lui-même rentré victorieux
à Berlin. Bernadotte, quoique battu par Oudinot, pouvait bien être resté sur leurs passages, à l'ouest de
Berlin, et il eût été bien extraordinaire que ces deux
corps, relativement si faibles, venant de si loin, et ayant
d'aussi grandes distances à parcourir, fussent parvenus
à Berlin sans rencontrer Bernadotte.

Or, rencontrer Bernadotte, l'un n'ayant que quinze
mille hommes, et l'autre que quarante mille, c'était être
irrévocablement détruit ou dispersé, puisque ces trois
corps d'Oudinot, de Gérard, de Davoust une fois en
route, n'avaient plus aucun moyen de correspondre entre
eux, et se trouvaient par conséquent dans l'impossibilité
de se secourir en cas de besoin.

Aussi, disons-le, réunir ces trois corps, opérer leur
concentration d'après le plan de Napoléon, était une
manœuvre plus difficile qu'aucune de celles que Napoléon lui-même avait accomplies ; bien plus difficile cent
fois que celle qui nous valut la victoire de Marengo, et
que celle qui nous valut la capitulation d'Ulm.

Par ce seul fait que nous marchions en pays ennemi,
dont tous les habitants ne nous voyaient qu'avec hor-
reur, cela rendait cette marche impossible, parce que
le peuple se fût fait un devoir de nous tromper et de
nous piller, et que nous n'eussions pu obtenir aucun
renseignement certain ; tandis que nos ennemis, au contraire, eussent été seuls renseignés et exactement instruits
de tous nos mouvements.

Placé dans de telles conditions, Napoléon lui-même
aurait échoué neuf fois sur dix : il aurait peut-être pu
lui-même, avec les soixante-cinq mille hommes d'Oudinot, parvenir jusqu'à Berlin ; mais c'eût été miracu-
leux que les deux autres corps y parvinssent.

Si Napoléon a cru qu'en Prusse il fut possible d'exécuter la même marche qu'il avait exécutée devant Ulm, il s'est trompé de beaucoup.

Même en pays ami, cette manœuvre est périlleuse. Aussi ne doit-on la tenter que lorsqu'on en espère de grands avantages qui ne se pourraient obtenir par tout autre marche.

Mais en pareille circonstance, s'il y avait une marche bien avantageuse et plus avantageuse qu'aucune autre, c'était bien celle que nous avons indiquée, ainsi que nous l'avons démontré; et s'il y en avait une qui nous permît de surprendre l'ennemi, c'était aussi celle que nous indiquons. Oui, il se pouvait que, cheminant derrière l'Elbe, et remontant jusqu'à Verben, caché par ce fleuve, Bernadotte se laissât surprendre par Davoust.

Mais, surpris ou non, Bernadotte n'ayant que 100 000 hommes, n'aurait jamais pu empêcher Davoust d'entrer à Berlin avec 120 mille hommes.

Examinons maintenant les avantages de cette position sur Berlin, pour Napoléon.

Bernadotte, battu, se serait retiré soit au Nord vers la mer, ou bien à l'Est. Cette dernière position eût été la plus avantageuse pour lui, attendu que par là, il conservait ses communications avec Blücher, nous interceptait la route des places fortes de l'Oder, et nous eût empêché de les ravitailler, à moins toutefois que l'armée tout entière de Davoust accompagnât nos convois d'approvisionnements.

Enfin n'importe la direction que Bernadotte eût prise, notre entrée victorieuse à Berlin devait douloureusement frapper l'imagination des souverains, plus encore que celle de leurs soldats; et devait, sinon, les démoraliser; car le temps n'était plus, où une pareille victoire leur eût fait abandonner les armes, mais si leur patriotisme les soutenait, si leur haine s'en fût accrue, il n'en est pas moins vrai que cette entrée à Berlin eût grandement décontenancé les souverains. Un pareil affront ajouté à celui d'une défaite sur l'Elbe, comme celle du 27 août par exemple, ils eussent peut-être immédiatement cherché à traiter, et la grandeur de Napoléon se trouvait ainsi défaite d'un seul coup!

Dans tous les cas, ces 120 mille hommes, (certainement réduits à 105 ou 110 mille) postés sur Berlin, prêts à fondre sur le flanc droit de Blücher, auraient grandement modéré l'ardeur de ce dernier, qui n'aurait jamais tenté de franchir la Neisse, de peur de se voir couper ses communications et pris entre deux feux, entre Davoust et Macdonnald. Davoust n'aurait eu en effet que quelques étapes à faire en ligne droite, pour se trouver sur les derrières et sur le flanc de Blücher.

On voit de quel intérêt était pour nous l'entrée de Davoust à Berlin.

Nous avons indiqué une marche qui était bien sûre pour y arriver; notre devoir, au point de vue de l'art, est de rechercher ce qui a pu motiver aux yeux de Napoléon sa préférence pour le chemin direct.

N'ayant pas sa correspondance sous les yeux, et M. Thiers ne nous apprenant rien là-dessus, nous ne pouvons arriver à la vérité que par induction.

Or de deux choses l'une.

Ou Napoléon n'a pas songé à cette marche par la gauche de l'Elbe, ou il y a songé.

S'il n'y a pas songé, le tort n'en est qu'à lui et non à sa politique, et alors nous pouvons dire que son plan n'a pas été heureux et que son inspiration a été moins bonne que d'habitude.

S'il y a songé, c'est qu'alors il n'a préféré le trajet direct que dans le seul but d'arriver 5 à 6 jours plus tôt à Berlin. Nous pouvons dire alors, qu'il aurait été bien mal inspiré, puisque le trajet direct offrait bien moins d'avantages et de plus grands dangers. Ce n'aurait donc été que la dangereuse gloriole de pouvoir dire qu'il avait frappé les Prussiens comme la foudre. Ce désir de frapper comme la foudre aurait, si nous en croyons

M. Thiers, perverti plus d'une fois dans cette campagne son jugement militaire, et cela est très-fâcheux, car ce ne doit pas être pour ce vain plaisir qu'un chef d'armée doit tenter de pareilles difficultés.

Non, — ainsi que nous l'avons déjà dit — il ne doit tenter des marches aussi aventureuses, que lorsque cela est indispensable pour obtenir de grands résultats, qui seraient bien moindres si l'on agissait autrement.

Nous allons prouver par une comparaison, qu'il est parfois nécessaire pour obtenir des résultats grandioses, de tenter des marches aventureuses, c'est-à-dire de marcher divisés en corps peu importants pour surprendre et tromper l'ennemi, tout en courant la chance de voir soi-même quelques-uns de nos corps détruits. Je veux parler de la concentration qui s'opéra à l'entour d'Ulm, qui est absolument la même manœuvre que Napoléon voulut accomplir en 1813 autour de Berlin.

Dans les deux cas, nous voyons des corps placés à des distances très-grandes, et dans des directions opposées, tenter de se réunir sous une ville, pour en surprendre la garnison et les ennemis placés aux alentours pour la défendre; mais dans ces deux cas, on verra que les résultats sont bien différents.

En effet, on a vu qu'autour de Berlin, Oudinot, Gérard et Davoust, eussent-ils réussi en tous points, les avantages eussent été moindres que par la marche prudente que nous avons indiquée.

Tandis qu'autour d'Ulm, on verra que la promptitude des mouvements, la vivacité des marches pouvaient seules nous assurer de grands succès; et que les succès eussent été bien moindres, si l'on eût marché en masse et avec prudence. Mais on verra aussi que ce n'est pas tout de marcher vite, qu'encore et avant tout, faut-il savoir attendre le moment propice, pour se mettre en marche, c'est-à-dire, y joindre la prudence qui fait réussir et qui seule permet de calculer l'heure à laquelle on doit partir.

On verra encore que cet art difficile exige les qualités les plus contraires, et que les idées les plus opposées doivent pourtant se réunir, s'entr'aider au même instant, dans le même plan, dans la même manœuvre ; puisqu'à la témérité la plus grande, il faut en pareil cas joindre la prudence la plus consommée, qui seule permet d'en prévoir et d'en calculer les résultats. La comparaison suivante va le démontrer :

Quand Napoléon fondit de Boulogne sur les Autrichiens, les cerna, et les fit presque tous prisonniers dans Ulm, croira-t-on que ce beau fait d'armes, un des plus glorieux et des plus prodigieux dont l'histoire fasse mention, aurait été aussi désastreux pour les Autrichiens, si Napoléon fût parti 8 à 10 jours plus tôt de Boulogne?

Evidemment non.

Car ce n'était pas tout de surprendre, de tomber à l'improviste sur Ulm ; il fallait encore être assuré de la cerner avec des forces suffisantes ; avec un quart d'hommes en moins, nous pouvions encore vaincre les Autrichiens, et les obliger à battre en retraite ; mais il nous eût été impossible de les cerner et de faire un si grand nombre de prisonniers. Et, dès que nous ne pouvions pas fermer toutes les issues, il fallait alors gagner une grande bataille, perdre beaucoup des nôtres, même en admettant que l'ennemi en eût perdu le double, et qu'on lui eût fait une dizaine de mille de prisonniers, jamais il nous eût été possible d'en faire 40 mille !

Quelle différence dans le résultat puisque nous fîmes 40 mille prisonniers et sans combattre, sans livrer babataille ! car c'est tout au plus, si nous perdîmes 1000 hommes en refoulant les avant-gardes de l'ennemi.

Mais, supposez encore que Napoléon eût pu réunir des forces suffisantes et partir 8 jours plus tôt. Pense-t-on que le résultat eût été le même?

Non, encore.

Car en partant 8 à 10 jours plus tôt, il n'aurait trouvé l'ennemi qu'à Ratisbonne ou peut-être plus loin encore. Dans ce cas, nous aurions vu diminuer nos forces, car il nous aurait fallu laisser 10 à 15 mille hommes pour garder nos derrières, de plus nos soldats, ayant le double de chemin à faire pour atteindre l'ennemi, obligés de marcher promptement et de doubler souvent les étapes, se seraient vus beaucoup plus fatigués en arrivant devant Ratisbonne que devant Ulm et par conséquent ils eussent été moins alertes, moins vifs, et il leur eût été bien plus difficile de cerner l'ennemi par derrière et par devant, avant qu'il s'en aperçût, comme il l'a été à Ulm, ce qui ne pouvait avoir lieu qu'en marchant très-vite.

Disons plus, il est impossible d'accomplir de pareils faits d'armes bien loin de ses frontières, et sur un territoire ennemi, par ce motif que pour obtenir un résultat aussi prodigieux qu'à Ulm, il faut cerner l'ennemi avant qu'il s'en doute. Aussi les Autrichiens nous croyaient encore à Strasbourg, les troupes françaises qu'ils voyaient en face d'eux sur cette route étant peu nombreuses, il leur avait semblé que ce n'étaient que nos avant-gardes, que déjà notre armée presqu'entière se plaça sur leurs derrières, coupa leur retraite et leurs communications. Mais de tels mouvements, aussi rapides, aussi prompts, ne purent être ignorés de l'ennemi, que parce qu'ils se faisaient en partie sur le territoire français, et partie sur des territoires amis ou alliés. Là, le secret de ces mouvements pouvait être gardé, et l'ennemi ne l'apprenait de ses espions, que lorsqu'il n'était plus temps. Ainsi donc, il nous fut d'autant plus facile de les surprendre, qu'ils se trouvaient plus rapprochés de nous. Aussi, en 1805, Napoléon se contentait-il de dire à ceux qui le pressaient d'accourir pour parer à nos frontières. —

« Laissez - les avancer — disait-il à ces trembleurs
« — laissez-les venir, ces Autrichiens, plus il se seront
« avancés, moins de chemin nous aurons à faire nous-

« mêmes, et plus prompte sera leur défaite. » En effet ce fut un vrai coup de foudre.

Napoléon les avait déjà surpris de la même manière à Marengo, mais il ne l'aurait jamais pu à Berlin en 1813, et nous défions que l'on nous contredise, lorsque nous avançons que de pareils coups de foudre ne se peuvent effectuer que près des frontières, ou sur un territoire ami.

On voit aussi qu'il a fallu, pour porter de pareils coups, ne partir ni trop tôt ni trop tard, et c'est que lorsqu'on est en route, qu'il faut aller très-vite et comme la foudre; l'essentiel était donc d'arriver ni trop tôt, ni trop tard.

On a pu se rendre compte par cet exemple que nous venons de citer, combien la concentration inopinée et inattendue autour d'Ulm, a été désastreuse pour les Autrichiens, puisque 40 mille hommes posèrent leurs armes! et combien aussi eût été moindre le résultat, si au lieu d'exécuter cette manœuvre hardie, Napoléon eût simplement débouché avec toutes ses forces en face des Autrichiens par la route de Strasbourg à Ulm. C'eût encore été une grande bataille qu'il nous fallait gagner, pour obliger les Autrichiens à battre en retraite ; nous eussions tout naturellement perdu beaucoup plus de monde, et fait bien moins de prisonniers... et encore quelle différence !

Les résultats seuls ici justifient hautement les risques que les différents corps de Napoléon pouvaient courir dans cette marche aventureuse.

Mais on se convaincra facilement, par tout ce que nous avons dit, qu'une pareille manœuvre autour de Berlin, en supposant qu'elle eût réussi, n'augmentait nullement nos résultats et qu'ils auraient été certainement plus grands par une marche prudente comme celle que nous avons indiquée. Sans doute, celle de Napoléon frappant plus promptement l'ennemi, pouvait paraître au vulgaire plus prodigieuse, et une réunion sans accident de ces trois corps à Berlin présentait en effet quelque chose de merveilleux.

Mais nous le répétons, si l'on tient compte que cette manœuvre est presque impossible sur un territoire ennemi, et si l'on tient compte, qu'en marchant couvert par l'Elbe jusqu'à Verben, notre concentration eût été certaine, et notre entrée à Berlin assurée, et que, de plus les résultats militaires et politiques n'en étaient point diminués par ce retard de quatre à cinq jours et qu'ils étaient tous aussi grands, si ce n'est plus ; on verra combien Napoléon mérite d'être blâmé pour avoir voulu arriver cinq à six jours plus tôt à Berlin.

M. Thiers nous dira-t-il encore que c'était pour le vain désir de satisfaire son orgueil, pour frapper des coups de Jupiter, qu'il commit de pareilles erreurs?

Non, nous aimons mieux croire que l'idée ne lui est pas venue de prendre une autre marche, que de croire M. Thiers, car si son choix par le chemin direct n'avait eu d'autre mobile que de frapper des coups de foudre, loin de l'admirer pour sa manœuvre d'Ulm, nous le blâmerions, parce qu'il n'aurait plus un grand mérite, dès qu'il serait prouvé qu'il n'a point prévu les avantages qu'il y avait là à frapper ses ennemis comme la foudre.

Etant supposé que l'entrée de Davoust et Oudinot à Berlin a pu avoir lieu, suivant tous les desseins de Napoléon, nous allons maintenant examiner s'il était prudent d'expédier de là des approvisionnements pour la Vistule.

Il faut admettre que Bernadotte, repoussé, s'est retiré vers l'est, donc nos approvisionnements expédiés sous une faible escorte devaient inévitablement être pris.

Ce n'était donc pas trop de l'armée entière de Davoust, si l'on voulait éviter un désastre.

Mais, si cette décision n'eût pas été prise immédiatement, il se pouvait encore que Blücher venant au secours de Bernadotte, infligeât un désastre à notre armée en marche.

Si on voulait ne pas être exposé à rencontrer Blücher, il fallait donc de toute nécessité que cela fût prévu dès le début des opérations, que cette armée ne s'arrêterait à Berlin que deux ou trois jours, juste le temps de se reposer.

En marchant ainsi promptement, on était sûr de ne pas rencontrer Blücher en allant à l'Oder, parce qu'il n'aurait pas encore eu le temps de rejoindre Bernadotte; mais, s'il avait eu à venir à son secours, on devait s'attendre à le trouver au retour uni à Bernadotte, plus quelques réserves, c'est peut-être 200 mille hommes que Davoust aurait trouvés là. Devant de telles forces, il devait retourner en arrière, à l'abri de nos places de l'Oder ou de la Vistule. On voit que son sort était à peu près lié à celui de ces garnisons, et que Napoléon devait lui donner la mission, ou de rester dans ces places, ou, ce qui eût beaucoup mieux valu, d'en emmener les forces avec lui et de les reporter à Berlin. Alors augmentées des 50 mille hommes que contenaient ces différentes garnisons, ses forces se trouvaient reportées à 150, à 160 mille hommes au moins, avec lesquels il pouvait passer sur le corps de Bernadotte et de Blücher réunis.

Quoi qu'il en soit, cette diversion de Davoust au nord eût inévitablement tenu Bernadotte loin du théâtre de la guerre, et peut-être même aussi Blücher. Alors Napoléon eût pu, sans crainte, s'aventurer à la poursuite de l'armée de Bohême, la forcer même à sortir de Bohême, ce qui lui devenait facile, puisqu'il aurait eu la supériorité du nombre. Dans de telles conditions, ce n'est pas trop de dire que l'armée de Bohême devait être détruite et dispersée entièrement.

KULM.

Nous voulons encore, parler d'une faute que Napoléon commit dans cette campagne, et qui entraîna les plus désastreux résultats ; tandis qu'il aurait pu, au contraire, s'il eût été bien inspiré, détruire la coalition, au début des opérations. Jamais du reste plus belle occasion ne lui a été offerte.

Au lieu d'un grand succès, par sa faute, ce fut un grand désastre qu'il éprouva ; nous voulons parler de celui de Kulm.

Examinons en peu de mots les causes de ce désastre.

Ainsi que tout le monde le sait, le 27 août, Napoléon avait gagné devant Dresde, une grande bataille sur l'armée de Bohême, l'avait mise dans une déroute complète, et dans la nécessité de repasser les montagnes de la Bohême, d'où elle était venue.

Dans la journée du 28, nous leur fîmes encore 7 à 8 mille prisonniers, en les poursuivant aux pieds des montagnes de la Bohême, que nous allions franchir à leur suite. Au total, cela faisait 32 à 33 mille hommes de perdus pour les coalisés, dans ces deux journées.

Tout faisait prévoir que, les jours suivants, leurs pertes seraient aussi grandes, si ce n'est plus. Dans de telles dispositions, l'ennemi, déjà accablé par de tels revers, devenait une proie facile s'il était fortement poursuivi, nous pouvions donc nous attendre à des résultats grandioses, c'est-à-dire à la dispersion complète de cette armée de Bohême, qui eût été inévitablement obligée de fuir ce royaume qui avait été pour elle un retranchement naturel et inattaquable, tant que cette armée n'était pas battue en Saxe ; mais obligée de fuir devant

un ennemi victorieux, ces mêmes retranchements devenaient pour elle une source de difficultés; aussi dans
ce dernier cas, pour n'être pas détruite entièrement, elle
n'avait qu'un refuge, c'était de repasser les montagnes
qui bornent la Moravie, et se retirer en cette province;
alors, la coalition se trouvait dissoute, quels que fussent
les résultats ou les succès de leurs armées de Silésie et
du Nord.

Napoléon voyant, le 28 août, cette armée en déroute,
était si certain de la détruire, qu'il ne crut même pas
que la présence de sa personne fût nécessaire pour obtenir ce résultat. Il crut malheureusement que c'était
assez de ses lieutenants pour tirer tous les fruits de sa
victoire. Etrange illusion! c'est dans cette circonstance
qu'il abandonna son armée entière à la poursuite des
coalisés, et que le 28 au soir, au lieu de suivre son armée, de franchir le sommet des montagnes avec elles,
pour découvrir les plaines de Bohême où s'engageait la
principale partie de nos forces; au lieu de se tenir sur
le versant de la montagne, d'où il aurait pu ordonner la
poursuite à propos, et voir tous les mouvements de l'ennemi, il quitte Pirna et retourne à Dresde, laissant son
armée entière sans commandant!

Or, lorsqu'une armée fuit, si l'on veut bien remarquer
que ses mouvements sont désordonnés, sa marche ordinairement imprévue et sans ensemble, sans suite, que,
par conséquent le poursuivant lui-même, peut à chaque
instant s'attendre à modifier les siens, et qu'en ce cas,
bien mieux que dans une bataille réglée, le commandant
en chef ne peut perdre un seul instant ses corps de
vue, et que pour que les changements soient prompts et
faits en temps utile, il faut absolument que le commandant en chef soit près de son armée, on se convaincra
combien nous avons raison de dire que Napoléon abandonna son armée, la laissant pour ainsi dire aller au
hasard et à l'aventure.

Mieux n'eût-il pas valu, s'il était vrai qu'il fût absolument obligé de retourner à Dresde, et s'il était vrai encore que sa présence n'était pas nécessaire pour obtenir tous les fruits de sa victoire de Dresde, qu'il laissât alors le commandement en chef à un de ses lieutenants, Murat, Mortier ou Marmont ou Saint-Cyr, qui tous se trouvaient plus ou moins engagés dans cette poursuite?

Si le commandement, par exemple, eût été laissé à Saint-Cyr, le désastre de Kulm, cela eût été plus que certain, n'eût pas été le nôtre mais au contraire celui des alliés, et quel désastre! Les 30 mille Prussiens de Kleist, eussent été contraints de mettre bas les armes, au lieu qu'ils causèrent notre défaite. Et, Russes et Prussiens, postés devant Kulm, allaient de nouveau se voir entièrement battus et accablés; puisque Vandamme seul, avait pu leur tenir tête tout un jour, que seraient-ils devenus si Saint-Cyr leur fût tombé dessus avec 60 mille hommes qu'il aurait pu amener au secours de Vandamme?

Hélas! ces brillants trophées, qui nous semblaient dûs, tant une première défaite nous les rendait faciles à cueillir, que nos ennemis eux-mêmes ne cherchaient même plus à nous disputer, puisqu'ils regardaient déjà les 30 mille Prussiens de Kleist, comme un sacrifice fait à notre victoire, s'estimant heureux d'en être quittes pour 30 mille hommes.

Oui, c'est au moment où la fortune lui fait les plus belles avances et l'attirait par ses plus doux sourires, que lui-même, en homme blasé et comme dégoûté de triomphes si faciles, lui... il hésite à faire un pas vers la fortune qui lui tend les bras... insouciant, il se retire, au lieu d'avancer... il recule, et dit : « Je laisse cela pour mes lieutenants... » Mais, la fortune irritée, va lui faire payer cher ses dédains; ses mépris, elle les lui rend... Oh! fortune, que tes mépris sont cuisants! Cette victoire, ces trophées, que Napoléon regardait déjà comme lui appartenant, ces 30 mille Prussiens qui devaient être et s'attendaient à devenir nos prisonniers, tout cela se change en une catastrophe des plus sanglantes que la France ait jamais subie ! Le 30 août, Vandamme est défait, fait prisonnier, lui et la plupart des siens, au moment même où il ne s'attendait qu'à cueillir des lauriers !

Tel fut le résultat du dédain et de l'insouciance de Napoléon, pour avoir laissé son armée voguer au hasard et à l'aventure.

Nous voyons en effet, le 29 août, les trois maréchaux qui étaient à la poursuite de l'ennemi, s'arrêter et demander de nouveaux ordres à Napoléon.

Ces ordres il faut aller les chercher à Dresde, où se trouve Napoléon, lequel répond par la lettre suivante :

Au major général.

Dresde, 29 août 5 h. 1/2 matin.

« Donnez ordre au roi de Naples de se porter sur
« Fraueinstein et de tomber sur les flancs et les derriè-
« res de l'ennemi et de réunir à cet effet sa cavalerie,
« son infanterie et son artillerie.

« Donnez ordre au duc de Raguse de suivre l'ennemi
« sur Dippoldiwalde et dans toutes les directions qu'il
« aurait prises.

« Donnez ordre au maréchal St-Cyr de suivre l'en-
« nemi sur Maxen et dans toutes les directions qu'il
« aurait prises.

« Instruisez ces trois généraux de la position des
« deux autres, afin qu'ils se soutiennent réciproque-
« ment. »

Malheureusement, c'est presque un jour que l'on perd pour aller chercher ces ordres et les reporter au milieu des montagnes, où pour comble de malheur, ils arrivent

quand déjà l'ennemi a changé de direction et qu'il serait
déjà utile de modifier ces ordres.

La moindre hésitation cependant, le moindre retard
apporté dans la poursuite, permet à l'ennemi de fuir et
d'échapper à une défaite certaine.

N'est-ce donc pas bien imprudent d'avoir obligé ces
généraux de recourir à Dresde pour chercher des ordres?

Ne voit-on pas d'ailleurs, par cette lettre que nous
venons de rapporter, dans quel décousu devait se faire
la poursuite?

Il y est bien dit d'instruire chacun de ces trois généraux de leurs positions respectives; mais ce sont ces
mots : « afin qu'ils sachent qu'ils se soutiennent réci-
proquement. » Voilà le décousu, voilà ce qui paraîtrait
incroyable de la part de Napoléon, si on n'avait cet ordre
écrit par lui.

Quoi ! ces trois généraux doivent se soutenir, s'aider,
se secourir, et aucun d'eux n'est chargé d'en donner
l'ordre !

Comprend-on, dans un pareil moment, dans une telle
situation, sur le revers de ces montagnes, ce qu'il pouvait arriver, si, par exemple, deux de ces généraux eussent cru devoir réclamer le concours du troisième ?

Ce troisième appelé à droite et en même temps à gauche, de quel côté devait-il se rendre ?

Et ne fût-il appelé qu'en un seul endroit, n'est-il pas
supposable, que par seul esprit de rivalité si habituel entre généraux du même grade, qu'il ne s'y rendrait pas?

Ne pouvait-il pas arriver encore que St-Cyr, par exemple, eût cru nécessaire d'attirer à lui Marmont, et Marmont au contraire, croire que St-Cyr dût venir à lui?

Aucun d'eux n'ayant reçu la mission d'ordonner cette
poursuite, ne pouvait-il pas arriver dans ce cas, que
chacun d'eux émettant un avis divers, d'après ce qui se
passait sous leurs propres yeux, qu'aucun d'eux n'obéît,
dans la crainte de perdre la piste de l'ennemi qu'il avait
devant lui, ou par rivalité, ou encore dans la crainte

de changer quelque chose aux dispositions de Napoléon?

Ces tiraillements pouvaient se produire, et des journées presque entières se passer à poursuivre l'ennemi sans aucun ensemble, et toujours dans l'attente de nouveaux ordres de Napoléon?

Ces conflits entre généraux du même grade arrivaient assez souvent pour que Napoléon dût les prévenir, en remettant le commandement à l'un d'eux.

Disons donc, qu'il est inconcevable que Napoléon se soit réservé de donner des ordres de Dresde, puisque dans une pareille poursuite, et surtout au travers des montagnes, les ordres venus de si loin ne devaient plus être applicables à leur arrivée.

Oui, si St-Cyr par exemple, avait eu l'ordre de diriger cette poursuite, remettant la conduite de son corps à un général de division, il se serait tenu dans un endroit tel, qu'il pût apercevoir l'ensemble des positions de l'ennemi, et surtout, il ne serait pas resté vingt-quatre heures à Maxen et à Remhards-Grim à attendre les ordres de Napoléon, ce qui permit à Kleist de se sauver d'une impasse, où. il pouvait être lui et ses 30 mille hommes faits si facilement prisonniers.

M. Thiers a beau dire que l'auteur principal de notre désastre est Saint-Cyr, lequel, dit-il, n'aurait pas dû attendre de nouveaux ordres de Dresde pour suivre Kleist. Soit, Saint-Cyr a manqué d'initiative, nous l'accordons, mais M. Thiers lui-même nous apprend (p. 339-16e v.) que Saint-Cyr avait ordre de seconder Marmont « ou, ce « qui valait mieux, de chercher par un chemin latéral à « gagner le chemin de Petterswalde afin de se joindre à « Vandamme. » Comme on voit, Napoléon lui laissa cette fois et contre son habitude, une certaine initiative, ce qui malheureusement le fit hésiter dans le choix; mais n'est-ce pas là une hésitation bien naturelle, puisqu'il n'avait pas le commandement de cette poursuite? Or, c'est en pareille circonstance qu'il ne faut jamais hésiter longtemps, mais pour se décider promptement, pour faire un choix en toute connaissance de cause, il eût été nécessaire qu'il eût tous les renseignements de l'état-major sous les yeux, c'est-à-dire non-seulement la position de ses collègues, mais encore la position de tous les corps ennemis ; or, Napoléon ayant conservé le commandement général, tous ces renseignements allaient directement à Dresde à l'état-major général, tandis que Saint-Cyr ne connaissait que ceux qu'on lui faisait parvenir de Dresde. Mais si le commandement eût été laissé à Saint-Cyr, il est permis de penser qu'il n'aurait pas hésité une heure, parce qu'en ce cas tous les renseignements lui seraient parvenus directement, et il se serait décidé au moins avec connaissance de cause.

La faute tout entière en est donc à Napoléon, pour n'avoir pas confié le commandement à l'un de ses généraux, qui se trouvait sur les lieux ; ce qui les obligea à recourir à Dresde pour recevoir des ordres. C'était une perte de temps de vingt-quatre heures.

Mais de deux choses l'une : ou la poursuite était une opération très-difficile, qu'il ne pouvait pas confier à un de ses lieutenants, dans ce cas Napoléon avait eu tort de retourner à Dresde.

Ou la poursuite était aisée, et alors il devait en confier l'exécution à un de ses généraux, pour qu'elle fût menée avec plus d'ensemble et avec ordre. Et nous sommes certain, que n'importe lequel de ses lieutenants eût suffi pour nous assurer tous les brillants résultats qu'on était en droit d'espérer d'une armée en désordre et en fuite ; et pour le sûr, nous n'eussions pas subi de désastre à Kulm.

Mais pourquoi donc Napoléon ne s'est-il pas chargé lui-même de cette poursuite ?

C'est là ce que nous n'avons jamais pu comprendre.

Et les explications de M. Thiers, loin d'excuser Napoléon, le condamnent sévèrement à nos yeux.

En effet, nous ne voyons pas qu'il eût aucune raison

pour retourner à Dresde et qu'au contraire, il en avait beauçoup pour rester près de Saint-Cyr ; il y en a surtout deux bien majeures : la première, pour s'assurer par lui-même de l'exécution de ses ordres et de la défaite complète des alliés. Par sa présence seule sur la montagne, on en conviendra, l'échec de Kulm était impossible et la dispersion des allliés certaine.

Et la deuxième raison majeure, qu'il avait pour être à côté de Saint-Cyr, c'est que de là, mieux que de Dresde, et bien plus promptement, il pouvait, d'aprés les résultats de cette poursuite, décider de ce qu'il devait faire sur le Bober et sur Berlin, car, nous dit M. Thiers : « Depuis les dépêches d'Oudinot et de Macdonnald qui « lui apprenaient qu'ils avaient été contraints de rétro- « grader, l'un sur Vittemberg, l'autre sur la Neisse, il « songeait à une marche foudroyante sur Berlin ou sur « Prague, afin de tomber à l'improviste sur l'armée du « nord ou d'achever la défaite de celle de Bohême ; même « s'il rentrait à Dresde en ce moment, c'était pour employer une journée à *balancer* les avantages et les « inconvénients d'une marche sur l'une ou l'autre de « ces capitales. »

Mais je le demande à M. Thiers, pour songer à une marche foudroyante sur Berlin ou sur Prague, n'était-il pas mieux placé cent fois au sommet des montagnes de la Bohême, à la suite de son armée ?

N'était-il pas mieux à la portée pour donner ses ordres de Reinhards-Grim par exemple, que de Dresde ?

De Dresde il recevait, il est vrai, plus tôt les dépêches d'Oudinot et de Macdonnald, mais cela ne lui faisait point gagner du temps, tout au contraire, puisqu'il voulait balancer les avantages d'une marche sur Berlin ou sur Prague, pour prendre sa décision, il était donc obligé d'envoyer un courrier près des généraux engagés en Bohême ; puis, s'il eût jugé à propos d'aprés ces renseignements de voler à Berlin, ne fallait-il pas encore après en avoir décidé à Dresde, qu'il renvoyât un nouveau courrier à ces mêmes généraux, soit pour leur demander une partie de leurs troupes, soit pour les informer de ce qui leur restait à faire d'après cette nouvelle décision, car, ne poursuivant plus avec les mêmes forces, le but étant changé, leur marche devait l'être aussi.

Placé à Reinhards-Grîms, il n'aurait donc pas eu le double trajet à faire parcourir à ses ordonnances et s'il avait eu à retirer une partie des troupes engagées en Bohême, pour les reporter sur Berlin, de même que s'il eût décidé à continuer la poursuite, ses ordres partant de cet endroit fussent parvenus à leur adresse 24 heures plus tôt. Or, c'est surtout à la guerre, que parfois le temps est précieux et qu'un retard de 24 heures, et même d'une heure, suffit quelque fois pour décider un désastre.

Notre désastre de Kulm en est un exemple frappant ; si Saint-Cyr eût reçu 24 heures plus tôt l'ordre de continuer à suivre Kleist, cela suffisait pour nous assurer d'une grande victoire.

On voit qu'il est par trop absurde de soutenir que Napoléon se rendait à Dresde, pour *balancer* les avantages d'une marche sur l'une ou l'autre de ces capitales.

Quoi ! le sort de la plus grande armée de la coalition est entre vos mains, vous pouvez la détruire, la disperser complétement et mettre ses débris dans l'impossibilité de reparaître de deux mois sur le théâtre de la guerre et vous *balancez !*

Et pendant ces deux mois, pendant le temps que ces débris allaient mettre pour se rallier en Moravie, pour se refaire et pour attendre leurs recrues, dans cet intervalle de deux mois, Napoléon n'avait il pas tout le temps, et même plus que de nécessaire, pour détruire les deux armées du Nord et de Silésie ?

Oui, il n'y avait rien à balancer, tant il était urgent, à propos et avantageux d'aller à Prague, et tant il y avait d'inconvénients pour aller à Berlin.

Si M. Thiers tient à nous faire croire que Napoléon ne s'est pas trompé dans ces circonstances et qu'il a toujours été bien inspiré, qu'il nous dise alors qu'il était malade et que c'est pour se soigner qu'il retourna à Dresde.

Mais, puisque M. Thiers prouve que Napoléon n'était point malade, on doit donc admettre que ses conceptions ordinairement si justes, si claires et si profondes, furent cette fois incompréhensibles,, et que son imagination, ordinairement si heureuse, lui fit en cette occasion, complétement défaut.

Car enfin, aujourd'hui encore, nous pourrions nous-même, la carte en mains, le tableau des forces en jeu, et leurs positions respectives, nous pourrions, disons-nous, voir si l'on devait aller à Prague ou à Berlin.

Nous avons dit tout les avantages qu'il y avait pour aller à Prague, nous devons donc examiner ce qui, en ce moment, pouvait lui faire désirer d'aller à Berlin.

Mais nous n'en voyons aucun.

Ah! si Oudinot, si Macdonnald eussent été tellement battus, que notre ligne de l'Elbe eut couru le danger d'être envahie, au nord par Bernadotte, au midi par Blücher, oui dans ce cas Napoléon aurait eu une bonne raison de lâcher un succès certain, afin de parer à un vrai désastre.

Mais rien de tout cela n'était à craindre ; Oudinot avait, il est vrai, été contraint de reculer ; mais, le **28** août, il était sous les canons de Vittemberg tellement bien abrité, que Bernadotte n'avait pas même songé à l'en déloger.

Quant à Macdonnald, lui aussi avait été contraint à reculer sur le Bober, puis enfin, jusque vers la Neisse. C'était un échec sans doute regrettable, nous avions perdu beaucoup de monde ; mais Macdonnald n'avait qu'à se retirer derrière la Neisse, pour tenir là en échec Blücher pendant plus d'un mois.

En admettant même, si l'on veut, que Macdonnald

n'eût pas pu tenir derrière la Neisse, et qu'il eût été repoussé jusque sous les murs de Dresde, nous disons que cette ville n'aurait rien eu à craindre ; car Napoléon n'aurait eu besoin que de 140 000 hommes en Bohême pour détruire ou disperser cette armée, il en serait donc resté 45 000 à Dresde, lesquels joints à ceux que Macdonnald eût ramenés de la Neisse, lui recomposaient immédiatement une force de 100 000 hommes pour le moins, ce qui suppose que son armée de 80 000 hommes avant sa défaite eût été réduite à 55 000. Or, ayant nous-même l'avantage de la position sous Dresde, et une grande supériorité de forces, puisque nous aurions eu là 100 000 hommes, pendant que Blücher n'en pouvait avoir que 70 à 75 000, (c'est ce dernier chiffre qu'il avait sur la Neisse) personne ne pourra donc nier que Macdonnald ne pût tenir là contre Blücher pendant un temps indéfini ; d'où nous concluons, que pas plus Blücher que Bernadotte ne pouvait menacer notre ligne de l'Elbe.

Certainement si on avait eu à redouter de voir Bernadotte et Blücher envahir l'Elbe, c'eût été un dommage si grave, qu'il aurait, en quelque sorte, balancé les avantages que Napoléon pouvait recueillir en allant à Prague, tant était grande l'importance qu'avait pour nous, sous tous les rapports, cette ligne de l'Elbe.

Oui, si un tel danger eût existé, nous aurions compris que Napoléon eût hésité à marcher sur Prague et qu'il fut revenu à Dresde ; mais nous n'aurions pas compris davantage qu'il dût aller à Berlin, parce qu'en allant à Berlin, notre ligne de l'Elbe restait exposée à de de plus grands dangers encore qu'en allant à Prague, attendu que l'armée ennemie que nous eussions laissée de l'autre côté des montagnes, étant beaucoup plus forte que les deux autres, était à même de s'emparer de Dresde et de Torgau en l'absence de Napoléou.

Quels avantages pouvait-il donc espérer en marchant sur Berlin ?

Examinons son plan.

Son projet était, le 31 au matin, de marcher sur Bernadotte avec des forces supérieures, c'est-à-dire en amenant avec lui 70 à 80 000 hommes au secours d'Oudinot et de marcher sur Berlin. Dans ce cas, si Bernadotte eût osé l'attendre pour lui barrer le passage, il eût été battu complétement. Mais Bernadotte aurait-il eu cette audace? Cela n'est pas probable d'après la tactique employée par les alliés depuis le commencement des hostilités; on doit supposer que Bernadotte se serait retiré en toute hâte devant Napoléon, lequel n'aurait donc recueilli dans cette course vers le nord, d'autres avantages que celui de punir l'orgueil des Prussiens et de Bernadotte en rentrant dans Berlin. Pour Napoléon, ce n'était donc là qu'un succès d'orgueil; mais un succès qui loin de nuire aux alliés, allait leur rendre de grands services, en ce sens qu'il servait à exciter le peuple et le soldat à venger l'honneur de leur patrie. Mais la haine des Allemands était déjà assez surexcitée en 1813, pour que Napoléon ne cherchât s'il n'y avait d'autres avantages à l'exciter encore.

Après cette expédition qui allait demander 18 ou 20 jours au moins, Napoléon avait projeté de revenir sur Luckau, petite ville située entre Dresde et Berlin, pour de là se jeter sur Blücher ou sur Schwarzemberg, sur celui des deux enfin qui eût fait mine de s'avancer.

Nous venons de voir que ce plan ne faisait courir aucun danger sérieux aux coalisés, nous voulons prouver maintenant qu'ils n'en eussent retiré que des avantages.

On a pu voir déjà, bien que ce plan n'ait pas pu s'exécuter, combien il était défectueux, puisque l'idée, ou si on préfère l'intention seule d'aller à Berlin a produit de si déplorables résultats.

En effet, on sait que ce plan arrêté le 30 août au matin, mais conçu le 28 au soir, avait eu pour effet de ralentir dès le 28 la vigueur de la poursuite, — disous mieux, — de la négliger; négligence qui nous valut notre désastre de Kulm, car cette poursuite n'étant pas poussée avec vigueur, les alliés purent gagner du terrain dans leur fuite, prendre un moment de répit, se rallier devant Kulm et nous faire payer, hélas! bien cher un moment de négligence.

Et sans cette négligence, s'ils eussent été poussés avec vigueur, non seulement le corps de Kleist eût été fait prisonnier, mais la centralisation des alliés à Kulm n'aurait pu avoir lieu, car, on l'a vu, il a fallu en l'absence de Schwazemberg recourir à l'autorité de Metternich pour ramener devant Kulm une forte division autrichienne qui refusait de venir de ce côté.

Et la suspension de cette poursuite permit à l'armée de Bohême de se refaire et de se reposer, ce dont elle profita si bien, pour se renforcer et remplir les vides que les combats des 26, 27 et 28 août avaient produits dans ses rangs, au moyen des recrues qui arrivaient journellement à Prague, à ce point qu'après cinq jours de repos, joyeuse et un peu consolée de ses défaites des 26, 27 et 28 août par notre désastre du 30, elle put, disons-nous, le 5 septembre, reprendre l'offensive avec 200 000 hommes et revenir sur Petterswalde menacer Dresde. Heureusement pour Napoléon que les événements malheureux qui se passaient sur le Bober à cette heure, vinrent le détourner de son mouvement sur Berlin, sans quoi, n'apprenant cette nouvelle réapparition que le 7 septembre, il se serait trouvé à cette date à une ou deux journées de Berlin, placé trop loin pour arriver au secours de Dresde, cette ville ne craignait-elle pas d'être surprise par Schwarzemberg?

Il est vrai qu'en cas de besoin, en réunissant les corps disséminés à ses alentours et celui établi à Pirna, elle aurait eu 100 000 hommes pour la défendre et aurait pu certainement résister longtemps aux 200 000 hommes de Schwarzemberg; mais il n'en est pas moins vrai qu'il aurait fallu décamper de Pirna, voir détruire tous ses retranchements et de plus tous les ponts situés entre la Bohême et Dresde. Or, la destruction de ces ponts eût énormément gêné les mouvements stratégiques de Napoléon; à ce seul point de vue, ces dommages étaient bien plus graves que tous ceux qu'il pouvait faire essuyer aux coalisés en allant à Berlin.

Si on ajoute à cela que Dresde pouvait bien être surprise avant que d'avoir pu réunir ses 100 ou 120 000 défenseurs, car à la guerre il faut toujours admettre quelques chances défavorables, surtout quand l'ennemi a des forces doubles de soi, et qu'il vous tombe dessus au moment où l'on ne s'y attend pas, dans de pareilles conditions, c'eût été même étonnant que Dresde ne fût pas prise et obligée d'ouvrir ses portes aux Autrichiens.

Ne reconnaîtra-t-on pas, ainsi que nous l'avons avancé, que les alliés eussent été heureux de voir Napoléon marcher sur Berlin?

On peut donc dire que Napoléon, en négligeant, le 28 août, la poursuite de l'armée de Bohême, et le 30 en marchant sur Berlin, dans le désir d'écraser Bernadotte, comblait le vœu des coalisés, et que c'est cette déplorable idée d'aller à Berlin qui sauva la coalition le 30 août 1813! Et que peu s'en est fallu qu'elle nous valût la perte de Dresde cinq jours plus tard.

Oui, l'idée d'aller à Berlin en ce moment était mauvaise. Et, si nous avons applaudi à cette idée au début des opérations, il n'y a pas là la moindre contradiction avec nous-même, les événements survenus changeant complétement l'intention qu'on se proposait; et du reste nous avons applaudi au début, mais nous n'eussions pas applaudi si Napoléon avait voulu y aller lui-même; nous applaudissions cette marche, mais faite par un corps séparé et rendu presque indépendant de l'armée de Napoléon, et précisément parce que nous avions vu là un moyen d'éloigner Bernadotte et Blücher de Napoléon, afin de laisser à celui-ci toute latitude pour attaquer

Schwarzemberg et pour qu'il pût le poursuivre à outrance jusqu'aux derniers confins de la Bohême.

Nous ne sommes donc point la-dessus en contradiction avec nous-même, et nous avons raison de dire que cette idée du 28 août sauva la coalition deux jours plus tard.

Oui, c'est si l'on regarde aux avantages immenses que nous pouvions retirer en allant à Prague, qu'on reste confondu de surprise en voyant un homme aussi expérimenté que Napoléon commettre une pareille faute.

Oui, au début des hostilités, avant notre victoire de Dresde, il y avait quelques objections à faire contre une entrée en Bohême. Le 16 août, Saint-Cyr sollicitait vivement Napoléon d'entrer en Bohême; mais alors, on pouvait dire que c'était bien s'écarter de Dresde, puis il fallait passer les montagnes pour aller livrer bataille à l'ennemi, sans savoir si on ne rencontrerait pas cette armée entière, réunie au débouché des montagnes et devant soi dans ces débouchés, alors qu'on ne peut mettre en ligne toutes ses forces, les alliés dans cette position pouvaient nous faire essuyer de graves pertes. Et si nous éprouvions un échec, ces défilés devaient nous être désastreux en cas de retraite. Ou bien il se pouvait encore que, pendant que Napoléon eût pénétré par Ziteau, les alliés en sortissent par Pesterswalde, en sorte qu'au lieu de les surprendre et de les tourner, c'était nous qui étions tournés et surpris sur nos derrières à Dresde.

Telles étaient les objections que Napoléon élevait pour combattre l'idée du maréchal Saint-Cyr, et nous reconnaissons qu'en effet, à cette heure (16 août), ces objections étaient sérieuses et de grande valeur.

Mais au 28 août, toutes ces objections se trouvaient détruites par le fait de notre victoire de Dresde ; tout était changé, nous n'avions pas crainte d'être surpris au débouché des montagnes, et encore moins peur d'être tournés, enfin, ce qui était le plus important, il n'y avait aucune bataille à livrer en Bohême, nous ne devious

plus avoir que de petits combats à soutenir, des milliers
de prisonniers à faire, et un immense butin à recueillir.
Donc à cette heure, 140 000 Français, marchant avec
l'ascendant de la victoire, étaient une force plus que suffisante pour disperser complétement cette armée de
Bohême, et la forcer même à sortir de Bohême ; car les
Autrichiens avaient perdu 33 000 hommes dans les
trois journées du 26, 27, 28, il ne leur restait donc
plus le 29, des 200 000 hommes qu'ils avaient devant
Dresde, que 167 000 hommes. Et si, le 28, Napoléon
eût dirigé la poursuite, les 30 000 Prussiens de Kleist
étaient faits prisonniers, sans compter ceux que nous
pouvions faire encore le 30 aux Russes et aux Autrichiens réunis devant Kulm, il n'aurait donc dû rester aux
alliés, après le 30, au plus 130 000 hommes, et en les
poursuivant vigoureusement on devait faire chaque jour
un grand nombre de prisonniers, et avant que d'arriver
à Prague, nous devions encore en faire un tiers au moins
prisonniers. En effet, qu'auraient pu faire ces 130 000
hommes accablés et démoralisés par des pertes con-
tinuelles contre 140 000 Français animés par la victoire ?

Ce n'est donc pas trop de dire que cette armée pouvait
et devait être coupée en deux avant que d'arriver à
Prague.

De là, si on regarde que la Bohême est entourée par
un cercle de hautes montagnes, n'offrant que des défilés
difficiles à une armée en déroute, ne peut-on pas dire
encore sans exagérer que nous devions avoir détruit ou
fait prisonniers plus de la moitié de ces 130 000 hommes
et contraint le reste à se retirer en Moravie.

Mais ne fût-elle réduite qu'à 100 000 hommes, elle
serait également obligée à sortir de Bohême.

Et cette armée une fois sortie de Bohême, je le demande à tout homme doué du plus simple bon sens, car
ici il n'est pas besoin d'être tacticien pour juger de ce
cas, une fois cette armée hors de Bohême, la coalition

ne se trouvait-elle pas du même coup vaincue et dissoute ?

Car une fois Schwarzemberg mis hors de cause, Bernadotte et Blucher ne pouvaient que fuir devant Napoléon, revenant en Saxe avec 100 000 hommes seulement, c'était assez pour les écraser tous les deux s'ils
eussent osé l'attendre.

Y avait-il donc quelque chose à balancer pour aller
à Prague en présence de tant d'avantages ?

Et, on ne peut trop le répéter, fussions-nous restés
un mois à batailler en Bohême, que nous n'avions rien à
craindre pour notre ligne d'Elbe, parce que Napoléon
n'emmenant avec lui que 140 000 hommes en Bohême,
il en serait resté 45 000 autour de Dresde, ce qui était
plus que suffisant pour parer à tous les dangers, même
les moins probables.

Maintenant, quelqu'un pourra-t-il nous contredire
lorsque nous avançons que forcer cette armée de Schwarzemberg à sortir de Bohême, c'était terminer la campagne, dissoudre la coalition d'un seul coup

Il ne serait plus resté que les armées du Nord et de
Silésie, mais Napoléon, une fois l'armée de Bohême
hors de cause, n'avait plus qu'à se présenter avec seulement 50 000 hommes, il les faisait fuir tour à tour et
les poussait tambour battant jusqu'à la Vistule· Et eût-il
fallu employer 100 000 hommes pour cela et même
140 000 qu'il le pouvait, dès qu'il n'avait plus à craindre
l'armée de Bohême ; sa ligne de l'Elbe était assurée, les
armées du Nord et de Silésie n'avaient donc plus de salut
que dans la fuite.

Résumant ce que nous venons de dire sur toute cette
affaire de Berlin, nous dirons :

Le 30 août, Napoléon avait *tout à exposer* et *peu à
gagner* en marchant sur Berlin, tandis qu'en marchant
sur Prague, *il n'exposait rien*, portait un coup mortel à
la coalition, et ainsi que nous l'avons avancé au début,
il maintenait son prestige, frappait tous ses ennemis à

la fois, et obtenait des résultats aussi prompts et aussi grandioses que ceux qu'il espérait.

LEIPSIG.

Dans cette mémorable journée de Leïpzig, il fallait absolument que Napoléon obtînt un avantage bien marqué, bien décisif, pour ne pas se voir le lendemain enfermé dans un cercle de fer par toutes les forces de la coalition, ce qui l'aurait laissé dans une position insoutenable.

Rester maître du champ de bataille ne suffisait donc pas, et Napoléon sentait bien qu'il fallait mettre en déroute complète, sinon l'armée entière de Bohême, mais au moins ses ailes ou son centre, afin d'obliger Schwarzemberg à se retirer au loin pour se rallier et se refaire ; alors, le lendemain, Napoléon se retournant contre Blücher, lui eût fait payer cher son audace de la veille, car plus il se serait approché de Napoléon, plus sûre était sa défaite, attendu qu'ayant à lutter seul contre Napoléon, Blücher bien inférieur en nombre devait subir un grand désastre, et il pouvait aussi arriver que Bernadotte, quoique plus en arrière, eût aussi son tour.

Mais, au lieu de battre en retraite, les alliés, quoique ayant perdu du terrain, tiennent bon encore ; bien supérieurs en nombre, ils ne renoncent point à nous attaquer le lendemain ou le surlendemain, tant ils se trouvent heureux de n'être pas mis en déroute complète, et fiers de nous avoir résisté. Pour eux, en effet, n'être pas mis en déroute, ce n'était pas être vainqueurs, mais c'était en obtenir tous les résultats; car, ainsi que le dit très-bien M. Thiers, « la situation, dès que nous n'avions pas remporté une victoire éclatante, était bien près de devenir affreuse. »

Aurait-on pu obtenir un meilleur résultat dans cette journée du 16 ? Napoléon aurait-il pu tirer un meilleur parti des forces qu'il avait dans la main, c'est-à-dire manœuvrer mieux ?

En cela, de même que M. Thiers, nous sommes d'avis que ce jour-là il n'était guère possible d'opérer, de manœuvrer mieux que Napoléon ; et que ce n'est pas sa conduite particulière qui est à critiquer, parce qu'elle fut admirable dans cette journée ; mais c'est sa conduite générale des journées précédentes qu'il faut blâmer sévèrement, attendu que si Napoléon s'est vu placé dans une fausse position à Leipzig, c'est-à-dire ayant à combattre deux armées bien supérieures en nombre, la faute est à lui seul, et cette faute remonte aux décisions qu'il prit le 5 octobre.

A cette date, les têtes de colonne de l'armée de Bohême étaient apparues, et lui avaient été signalées débouchant en deux masses principales, marchant de Commatau sur Schemnitz et de Carlsbad sur Zwickau.

Du côté du nord, il venait d'apprendre, par la nouvelle reconnaissance qu'il venait de faire, qu'on n'avait plus devant soi, à Dresde, qu'un rideau de troupes, et que les armées de Silésie et du Nord réunies sur l'Elbe inférieur avaient traversé ce fleuve pour remonter le long de la Mulde jusqu'à la hauteur de Leipzig, ce qui devait prochainement amener la réunion tant prévue de toutes les forces de la coalition sur nos derrières.

Qu'il fallût en ce cas rétrograder de Dresde pour marcher sur eux, ce n'était pas à mettre en doute. Mais sur laquelle des deux masses se jeterait-il d'abord pour les battre l'une après l'autre ?

C'était en effet la seule question à poser.

« Napoléon, — dit M. Thiers, — n'hésita pas et ne
« devait pas hésiter un seul instant à se jeter au nord
« entre Bernadotte et Blücher, pour les accabler l'un
« après l'autre ; puis cela fait, il reviendrait sur l'armée
« de Bohême qui aurait son tour. »

Ici, dans cette manière de voir, nous sommes d'un
avis complétement opposé à M. Thiers et à Napoléon,
c'est-à-dire qu'au lieu d'aller au nord à la poursuite de
Blücher et de Bernadotte, nous aurions voulu le voir
aller au midi, ou bien droit sur Leïpzig et voici pourquoi :

Retraçons d'abord les inconvénients du plan de Napoléon. Sans doute, qu'en se plaçant entre Blücher et
Bernadotte, Napoléon pouvait les battre tour à tour,
nous n'en doutons pas un instant, car les rencontrant
même réunis, ces deux généraux ne pouvaient pas amener plus de 120 à 130 mille hommes en ligne ; mais il
fallait pour les battre : 1° s'éloigner beaucoup de Leipzig
qui était menacé par l'armée de Bohême ; 2° il fallait
encore que Blücher et Bernadotte voulussent bien attendre Napoléon et accepter le combat ; mais n'eût-il pas
été sensé de supposer que ces deux généraux agiraient en
pareil cas comme ils l'avaient déjà fait si souvent dans
cette campagne, c'est-à-dire qu'ils se retireraient à
l'approche de Napoléon, qui courait ainsi le risque après
s'être beaucoup éloigné de son centre d'opération, qui à
cette heure était Leïpzig, d'avoir perdu un temps bien
précieux, fatigué beaucoup ses troupes, sans avoir pu
saisir aucune de ces deux armées ennemies ?

Tel était l'inconvénient capital de ce plan qui aurait
pu avoir de désastreuses conséquences, si Napoléon se
fût engagé à fond contre Blücher et Bernadotte.

En effet, s'il se fût engagé à fond pour courir après
un ennemi insaisissable, ne laissait-il pas Leipzig à la
merci de Schwarzemberg qui n'avait devant lui que Murat
avec 40 mille hommes, lequel, en se retirant sur Leïpzig,

n'en aurait pu réunir que 60 mille. Or, ces 60 mille hommes auraient-ils pu tenir contre Schwarzemberg qui en avait 180 mille?

Laisser prendre Leïpzig, c'était laisser prendre la seule route que nous avions pour retourner sur Mayence ; en cas de malheur, c'était enfin notre retraite coupée.

N'était-ce pas un danger bien plus probable et surtout bien plus grand que celui que Napoléon pouvait faire subir à Bernadotte et à Blücher.

Il suffit de citer ces inconvénients pour démontrer la défectuosité de ce plan de Napoléon.

Mais la faute de Napoléon ne se borna pas là. Il se rendit le 8 octobre à Wurtzen. Là, ainsi que nous l'apprend M. Thiers (page 496, 16e vol). « il devait, ou se « diriger tout de suite sur Leipzig *si Murat, poussé « vivement, ne pouvait plus tenir tête à l'armée de « Bohême*, ou bien, si Murat avait le moyen de se sou- « tenir quelques jours encore, descendre la Mulde jus- « qu'à Duben et se débarrasser des armées de Silésie et « du nord en les rejetant au-delà de l'Elbe. »

Les seuls mots que nous venons de souligner prouvent la défectuosité de cette manière de voir. En effet, d'après ces mots, cela prouve que si Murat n'avait pas eu le moyen de se soutenir pendant quelques jours contre Schwarzemberg, Napoléon aurait marché sur Leipzig.

Mais cela n'aurait jamais dû faire l'ombre d'un doute. pas plus dans l'esprit de Napoléon que dans celui de M. Thiers, car où étaient les moyens de Murat?

M. Thiers lui-même nous dit qu'il n'avait que 40 mille hommes avec lui, et qu'il n'en aurait pu réunir 60 mille qu'en se retirant sous les murs de cette ville. Est-ce là, je le demande à M. Thiers, des moyens suffisants pour résister 8 jours devant 180 mille hommes? Je dis pour se soutenir 8 jours, car c'était au moins 8 jours qu'il fallait à Napoléon pour rejeter Blücher et Bernadote au-delà de l'Elbe et pour revenir sur Leipzig.

Murat pouvait-il tenir 8 jours?

Telle aurait dû être la seconde question qu'on devait se poser.

Mais Napoléon n'en tint pas compte, il marche en avant, et le 10 il est lui-même à Eilembourg, s'avançant avec précaution et désirant vivement voir apparaître l'ennemi. Vain espoir ! cette fois encore, il les voit recommencer leur tactique ordinaire qui consistait à avancer contre ses lieutenants et de reculer devant lui.

Entré à Dubber le 10, à 2 heures après-midi, il apprend que les armées de Silésie et du Nord sont réunies sur sa gauche et derrière la Mulde, ayant par conséquent toute facilité pour repasser l'Elbe et se soustraire à notre poursuite. Napoléon commence à redouter de les voir recommencer leur tactique évasive qui nous avait tant épuisés, et à notre approche repasser l'Elbe vers Acken ou Roslau. Pour Napoléon, —dit M. Thiers avec raison, — « pour Napoléon, qui avait besoin d'une ba-
« taille décisive, et qui, à chaque pas, jonchait la route
« de jeunes gens malades ou dépités, c'était un vrai
« malheur ! Il était à craindre également qu'après avoir
« inutilement opéré un long trajet pour atteindre les
« armées de Silésie et du Nord, et voulant se rabattre
« ensuite sur l'armée de Bohême qu'il ne pût pas da-
« vantage attendre celle-ci » (1).

Oui, cela était à craindre grandement et presque sûrement.

Mais ces craintes-là, je le demande à M. Thiers, n'auraient-elles pas dû entrer pour quelque chose dans le plan de Napoléon ?

Disons mieux, pour un général en chef, c'est là la principale de ses attributions, qui ne relèvent que de lui, parce que lui seul peut les connaître. Oui, ce n'est point tant de manœuvrer bien un jour de bataille, qui

---

(1) Voir page 505 du 45ᵉ vol. du *Consulat et de l'Empire.*

doit être la plus grande préoccupation d'un capitaine, que de préparer à l'avance par son mouvement, le terrain même de ce champ de bataille ; amener l'ennemi au point où l'on désire, ou bien aller le chercher là où il ne vous désire pas et où il ne vous attend pas, telle a été, du reste, généralement la tactique de Napoléon, et nous croyons que c'est la bonne ; seulement, en ce cas, nous disons que Napoléon ne suivit pas sa tactique ordinaire.

Car ces craintes que nous venons de rappeler n'étaient malheureusement que trop fondées, et ces craintes seules devraient suffire à faire comprendre que Napoléon eut tort en ce moment de courir après Blucher et après Bernadotte.

Mais on devrait croire, d'après ces mêmes craintes, si bien senties par Napoléon, le 10 octobre, et si bien exprimées par M. Thiers, qu'il va renoncer à cette poursuite, tenir seulement un ou deux de ses lieutenants sur la Mulde et sur l'Elbe sur la défensive, dans le double but de retarder autant que possible la marche de Bernanadotte et de Blücher et d'intercepter leur passage sur Leipzig, et aussi pour leur ôter toute communication avec l'armée de Bohême, et pour prévenir Napoléon de la réussite ou de l'insuccès de leur tentative. Enfin, on va peut-être croire que lui, Napoléon, reprendra la route de Leipzig avec la principale partie de ses forces, puis de là se jetera sur Schwarzemberg ou enfin sur le premier qui apparaîtra et qui viendra se mettre à la portée de ses coups.

On pourrait le penser d'après ces craintes si prudentes, si sages ; mais c'est le contraire qui arrive. Il aggrave encore sa faute.

Loin de s'arrêter à ces craintes, loin d'en redouter ou d'en examiner les conséquences et de suivre une autre marche pour parer à ces conséquences qui pouvaient nous être si fatales quelques heures après avoir exprimé ces craintes, c'est-à-dire le 10 au soir, et comme s'il n'y avait plus songé, ayant à choisir celle des armées qu'il attaquerait la première, il prit le parti de se jeter à outrance sur la masse qui était formée des armées de Silésie et du Nord ; et pour les joindre sans perdre le moyen de revenir plus tard sur l'armée de Bohême, il résolut de poursuivre sans relâche les armées de Silésie et du Nord, de passer à leur suite la Mulde et l'Elbe, d'en détruire tous les ponts, excepté ceux qui nous appartenaient, de s'efforcer ainsi de mettre en complète déroute ces deux armées ; puis, comme dans cet intervalle de temps, le prince de Schwarzemberg, continuant à descendre la Mulde, aurait vivement poussé Murat sur Leipzig et peut-être plus bas, de remonter lui-même l'Elbe, sans quitter la rive droite, de le remonter jusqu'à Torgau ou à Dresde, de repasser le fleuve à l'un de ces points et de fondre sur cette armée de Bohême séparée des montagnes et prise ainsi dans un vrai cul de sac entre la Mulde et l'Elbe dont les ponts seraient à nous (1).

Qu'en pense M. Thiers de ce projet ?

Lui qui a si bien compris et si bien dit, que lorsqu'il s'agissait d'aller jusqu'à l'Elbe vers Vittemberg et Dessau pour rejeter l'ennemi seulement au-delà de ce fleuve, qu'il était à craindre qu'après avoir inutilement opéré un trajet si long pour atteindre les armées de Silésie et du Nord et voulant se rabattre ensuite sur l'armée de Bohême, il ne pût pas davantage atteindre celle-ci ; va-t-il se récrier et trouver bien imprudent de la part de Napoléon de songer à aller encore plus loin que l'Elbe, d'aller jusqu'à Berlin ?

Non, M. Thiers en adorateur passionné et qui ne trouve en défaut que sa politique, s'écrie : « Que c'est là « un des projets les plus audacieux, les plus savants

---

(1) Voir pages 506 et 507, 16e vol. du *Consulat et de l'Empire*, par Thiers.

« que jamais capitaine ait conçus et qui recevait de la
« proportion des forces avec lesquelles il allait être
« tenté une grandeur inouïe. » Et voilà M. Thiers
dans l'extase !

Pour nous, ce qu'il y a d'inouï, c'est qu'après avoir
si bien fait sentir les dangers qu'il y avait pour Leipzig
en allant jusqu'à l'Elbe, en s'écartant si loin de son
centre d'opération, un homme comme M. Thiers
s'extasie devant un nouveau plan qui l'éloignait davantage encore de ce centre, et qui aggravait encore les
inconvénients, puisqu'il s'agissait maintenant d'aller
jusqu'à Berlin sans plus de certitude de pouvoir atteiu-
dre l'ennemi.

M. Thiers ne s'est donc pas demandé ce que pouvait
faire Schwazemberg, s'il venait à savoir que Napoléon
était en marche sur Berlin et allait ainsi s'absenter pour
un mois ?

Quelle n'allait pas être sa tentation, lui qui en 8 jours
pouvait battre Murat, prendre Leipzig, Torgau et Dresde
et détruire ou emporter les immenses approvisionnements de tout genre accumulés dan ces places !

Oui en 8 jours, Schwarzemberg pouvait faire tout
cela, et certes nous n'exagérons pas ; car devant Leipzig
Murat avec 60 mille hommes n'aurait pas pu tenir
24 heures devant Schwarzemberg qui en avait 200 mille.
Murat serait donc contraint de rétrograder sans trop
savoir dans quelle direction, attendu que Schwarzemberg avec des forces aussi supérieures attaquant fortement
son front et et son flanc gauche pouvait lui couper la
retraite de Torgau et de Dresde et le rejeter sur la route
de Mayence, et comme il n'y avait qu'un seul pont à
Leïpzig, la retraite de Murat, de même que celle de Napoléon le 18 octobre, eût été des plus désastreuses.

De Leipzig Schwarzemberg pouvait se rejeter sur
Torgau, laquelle forteresse, ne contenant que 15 mille
hommes, n'était certes pas en état de tenir plus de
24 heures. Puis de là remontant l'Elbe en tombant sur

Dresde par la rive droite ou par la rive gauche, n'allait-il pas lui faire subir le même sort qu'à Torgau?

Saint-Cyr qui n'avait que 38 mille hommes pour défendre Dresde, n'allait-il pas être contraint ou de se laisser envelopper et faire prisonnier ou de se retirer sur le camp de Pirna?

En supposant que Schwarzemberg eût laissé 20 mille hommes à la garde du pont de Lindenau, il en serait resté 180 mille à Schwarzemberg devant Dresde contre lesquels Saint-Cyr ne pouvait pas lutter plus de deux jours, malgré toute l'énergie des troupes françaises ; une telle disproportion de forces faisait à Saint-Cyr le devoir de se retirer, car aucun fait dans l'histoire, pas même la défense de Gênes par Masséna, qui fut une des plus glorieuses et des plus étonnantes, ne nous autorise à penser que Saint-Cyr pouvait tenir dans Dresde plus de deux à trois jours.

Et si l'on songe, vu le peu de distance de ces villes, que Schwarzemberg pouvait avoir accompli tout cela en 8 jours, que serait devenu Napoléon lors même qu'il aurait complétement battu Blücher et Bernadotte, que serait-il devenu à son retour de Berlin s'il avait trouvé Torgau et Dresde, occupés par 180 mille hommes et lui coupant la retraite?

Au lieu donc de surprendre Schwarzemberg, c'eût été lui qui eût été surpris et placé dans une bien fausse position.

Les désastres que Schwarzemberg pouvait lui faire éprouver sur la ligne de l'Elbe n'étaient-ils pas cent fois plus grands que tous ceux que lui-même pouvait faire éprouver à Blücher et à Bernadotte en allant à Berlin ?

Aussi Napoléon avait tellement senti la possibilité de ces désastres, dans le cas ou Schwarzemberg s'apercevrait de son absence, il avait tellement compris l'importance et la possibilité de ces désastres qu'il résolut pour que son secret fût mieux gardé, de n'en instruire que Murat. Aussi lui écrivit-il à cette occasion en lui disant qu'il lui livrait un secret d'état, que sa marche sur Berlin devait être ignorée de l'armée entière, et que de ce secret dépendait le salut de l'armée entière et peut-être même de celui de l'Empire !

Étonnantes prévisions ! et pourtant si justes, si probables, lesquelles prouvent surabondamment que Napoléon ne se faisait aucune illusion sur les dangers qu'il courait en allant à Berlin.

Certainement si ce secret pouvait être gardé, si de plus Schwarzemberg eût voulu rester l'arme au bras durant un mois devant Murat en se bornant à prendre Leipzig et n'osant avancer de crainte de rencontrer Napoléon dans les environs de Leipzig avec 140 mille hommes ; Napoléon aurait pu alors, en un mois, espérer de détruire les trois armées coalisées et leur faire subir des désastres inouïs. Il est hors de doute que dans cette hypothèse la perte de Blücher et de Bernadotte était certaine s'ils eussent osé se mesurer à Napoléon ; celle de Schwarzemberg s'il fût resté dans Leipzig jusqu'au retour de Napoléon, c'est-à-dire pendant un mois, devenait certaine aussi, car Napoléon passant l'Elbe à Torgau ou à Dresde et tombant comme la foudre sur ses derrières et sur son flanc, cette armée surprise ainsi devait à son tour essuyer une défaite complète et nous livrer un grand nombre de prisonniers ; la coalition était par là complètement anéantie, l'Autriche à nos pieds, la Prusse détruite ; la Russie honteuse se serait empressée de ramener promptement ses débris au-delà du Niemen.

Mais ne battre que Blucher et Bernadotte c'était ne rien faire, il fallait absolument pour obtenir ces beaux résultats, surprendre Schwarzemberg, le battre complètement, détruire la moitié de son armée et disperser le reste.

Tout cela, nous le répétons, était très-possible si — mais si Schwarzemberg voulait bien rester inactif, l'arme au bras, pendant un mois dans Leipzig.

Certes, si l'on examine les forces mises en jeu, et les distances qu'elles devaient parcourir, et si l'on ne regarde qu'aux coups que Napoléon pouvait frapper et aux immenses avantages qui devaient en résulter, si tout allait à souhait, on serait bien tenté de dire comme M. Thiers que c'était là un des plans les plus grandioses qu'un homme de guerre puisse imaginer.

Mais si l'on songe, en supposant même que Napoléon n'eût pas perdu de temps pour battre Blücher et Bernadotte, si l'on songe, qu'il lui fallait un bon mois avant d'être de retour à Torgau, et si l'on songe à tous les désastres que pouvait nous faire essuyer Schwarzemberg dans cet intervalle de temps, si ce dernier venait à apprendre le départ de Napoléon, on en conviendra que c'était bien un des plans les plus grandioses, mais des plus fous et des plus imprudents que l'on puisse imaginer, et d'autant plus fou qu'on pouvait, ainsi que nous l'expliquerons ci-après, obtenir d'aussi brillants résultats sans faire courir aucun danger à notre ligne de l'Elbe.

Oui, ce plan était d'autant plus imprudent que, pour réussir, il fallait absolument que le départ de Napoléon fût ignoré de Schwarzemberg pendant un mois.

Car pour venir surprendre l'armée de Bohême sur ses derrières, il fallait donc, comme nous l'avons déjà dit, que Schwaremberg avec ses 200 mille hommes se fût arrêté aux alentours de Leipzig comme pétrifié par la peur de rencontrer Napoléon, ignorant par conséquent, pendant trois semaines, l'absence de ce dernier, et sa marche sur Berlin.

Certes Murat n'aurait pas divulgué ce secret; mais prétendre que le secret de cette marche, exécutée sur le territoire de l'ennemi, serait ignoré pendant 15 jours seulement, serait tout au plus chose admise sur un théâtre d'opéra comique; qu'il resterait ignoré, s'exécutant là en face de tout un peuple hostile et de 180 à 200 mille acteurs armés, cela est presque ridicule.

Ah certes! les hommes de guerre auraient vraiment

trop beau jeu, s'il suffisait de faire des plans grandioses
et de supposer que l'ennemi de son côté ne fera rien
pour se défendre et qu'il ne bougera pas de place.

Une aussi grande maladresse de la part de nos adversaires n'était pas même supposable de la part du général
le moins expérimenté.

En comptant sur de telles inaptitudes, Napoléon se
condamnait lui-même. Cela seul, en effet, prouve sur
quelle base peu solide reposait le succès de son plan.

Sans doute Napoléon était craint et redouté ; sans
doute que cette crainte rendait Schwarzemberg prudent
et peu aggressif, tant qu'il croyait avoir devant lui Napoléon.

Sans doute Schwarzemberg pouvait bien ignorer
pendant 5 à 6 jours le départ de Napoléon et de ses
140 mille hommes.

Mais était-il raisonnable de penser, malgré le secret
bien gardé par Murat, qu'on pourrait cacher aux yeux de
Schwarzemberg le départ de 140 mille Français pendant
plus d'une huitaine de jours ?

C'eut été la première fois qu'une pareille erreur,
qu'une pareille illusion, eût été entretenue dans une
armée ennemie.

Supposer que ce départ resterait ignoré de Schwarzemberg était une supposition absurde, si l'on remarque
que cette marche s'exécutait chez les Prussiens, c'est-à-
dire chez ceux de nos ennemis les plus acharnés contre
nous, et qui se fussent tous fait un devoir d'en informer
Schwarzemberg ; cela seul aurait dû convaincre Napoléon que son secret ne resterait pas longtemps ignoré
de l'ennemi, car la situation des esprits en Allemagne
lui était bien connue.

En supposant même qu'aucun Allemand n'en informât
Schwarzemberg, il n'est pas sensé de supposer qu'il resterait inactif plus de cinq ou six jours, et en faisant un
mouvement il reconnaîtrait l'absence de Napoléon par
la disparition de ses forces.

Le gros bon sens se refuse d'admettre que Schwarzemberg resterait un mois entier l'arme au bras devant Murat.

En effet, trois jours après le départ de Napoléon, l'armée de Bohême essaye un pas en avant ; Murat qui avait l'ordre de se retirer en bon ordre, fit donc un pas en arrière, tout en faisant bonne contenance. Enhardis, les alliés continuèrent d'avancer, ce fut alors que Murat poussa son cri de détresse, qui fit revenir Napoléon sur ses pas.

Mais si Napoléon eût voulu s'entêter à l'exécution de son projet ou si Schwarzemberg eût attendu encore trois ou quatre jours de plus pour faire son mouvement et qu'alors Napoléon se trouvant près de Berlin ou aux prises avec Blucher, et Bernadotte au-delà de l'Elbe, loin de Vittemberg, que serait-il advenu, placé si loin de Leipzig et si près de Berlin, s'il eût tenté de suivre son projet sur Berlin ?

Nous l'avons déjà dit, Napoléon lui-même semble l'avoir compris, cette campagne eût été entièrement perdue pour nous, c'en était fait peut-être aussi de l'Empire et de l'Empereur si Torgau et Dresde se fussent trouvés aux mains des alliés au lieu d'être dans les nôtres ; Napoléon surpris, non-seulement pouvait être défait en s'approchant de ces villes, mais il pouvait, n'ayant plus de passage ouvert, être fait prisonnier.

Par ce seul fait qu'en courant à Berlin, il laissait Leipzig, Torgau, Dresde, c'es-à-dire sa principale base d'opération et d'immenses approvisionnements à la merci de Schwarzemberg, cela seul, dis-je, devrait suffire aux yeux des hommes les moins expérimentés, pour leur faire comprendre combien était déplorable à tous les points de vue cette idée d'aller à Berlin.

Du reste, si cela ne suffisait pas, nous pourrions encore dire qu'on ne renonce à poursuivre un plan grandiose que s'il survient des événements inattendus et tout à fait en dehors des prévisions humaines, tel qu'un échec

imprévu d'un lieutenant ou l'arrivée de renforts inattendus à votre adversaire ; mais ici, aucune chance pareille
n'arriva à l'armée de Bohême, il a suffi à Schwarzemberg
de pousser en avant sans crainte pendant quatre à cinq
jours, pour que Napoléon renonçât à son plan et revînt
en arrière au secours de Murat.

En effet, voici ce qui s'était passé :

Un corps d'avant-garde de l'armée de Bohême avait
été battu par Murat le 11 octobre aux environs de Borna.
Ce corps ennemi commandé par Witgenstein avait perdu
trois à quatre mille hommes et avait été contraint à rétrograder. Murat, en écrivant à Napoléon les détails de
cette brillante affaire, lui mandait donc qu'il croyait l'armée de Bohême en retraite et l'engageait à ne rien négliger pour venir à bout des armées de Silésie et du
nord. Ces nouvelles étaient datées du 11 octobre, à onze
heures et demie du matin (1).

M. Thiers nous dit que cette lettre que Napoléon reçut le 12 à trois heures du matin à sa résidence près de
Düben, le confirma dans ses premières intentions ; c'est-
à-dire qu'il crut d'après cette lettre qu'il pouvait s'engager sans crainte à fond sur Berlin. Croyant d'après
cette lettre l'armée de Bohême en retraite, il pensait
qu'elle ne reparaîtrait pas de sitôt.

Nous restons véritablement confondu de surprise de
tant de crédulité, nous allions dire de tant de naïveté de
la part de Napoléon. Oui, nous nous demandons encore
comment un homme, habituellement aussi sérieux que
Napoléon et qui connaissait si bien la légèreté ordinaire
du jugement de Murat, comment il a pu croire que par
un simple combat d'avant-garde l'armée de Bohême entière ait pu battre en retraite ! Un combat où tout au
plus 20 000 des nôtres avaient combattu 20 000 ennemis, composant l'avant-garde de l'armée de Bohême,

---

(1) Voir page 515, 16e vol. du *Consulat et de l'Empire*, par Thiers.

un si petit combat aurait suffi pour épouvanter 180 000 hommes!

Napoléon n'aurait-il pas dû se dire que ce n'était là qu'une exagération ordinaire de Murat et penser que si Witgenstein avait battu en retraite, ce ne pouvait être que de quelques lieues et pour attendre de nouvelles forces qui arrivaient? Et c'était en effet ce qui avait eu lieu ; car quatre heures plus tard, d'autres corps autrichiens ayant rejoint Witgenstein, ils reprirent hardiment leur mouvement en avant, ce dont Murat en informa immédiatement Napoléon par une deuxième lettre toujours du 11 mars à trois heures du soir, et ce fut d'après cette deuxième lettre que Napoléon reçut à Düben le 12 octobre à dix heures du matin, qu'il abandonna tout à coup sa marche sur Berlin.

Mais il nous sera permis de dire que Napoléon aurait dû prévoir cette deuxième lettre, même en lisant la première, car il connaissait les forces de l'armée de Bohême et, certes, il n'aurait jamais dû croire que Murat n'ayant que 40 000 hommes pouvait résister huit jours à 180 000 ennemis.

Ce n'était rien que de croire l'armée de Bohême en retraite ; mais bâtir sur une assertion aussi peu vraisemblable, aussi légère, tout un plan de guerre, faire reposer sur cette croyance, sur ces assertions de Murat, les plus graves décisions et les plus grandes combinaisons, lesquelles pouvaient entraîner la perte de la France ; voilà ce qui nous étonne tellement que nous avons de la peine à le concevoir.

Le mouvement en avant si simple, si naturel, exécuté par l'armée de Bohême, ne peut donc être appelé un de ces contretemps qui suffisent pour motiver le changement de tout un plan de campagne, cela suffit pour prouver que cette idée d'aller à Berlin était aussi peu sage qu'elle était grandiose.

Ce qu'on peut dire de ce subit changement du plan de Napoléon, de cette renonciation d'aller à Berlin, c'est que tout bonnement il reconnut à cette heure que son plan était mauvais et lui faisait courir de trop grands dangers pour des résultats bien peu probables.

Mais ce plan n'était pas seulement devenu mauvais depuis le 12 octobre, il était déjà mauvais le 8 et encore plus le 10.

On reconnaîtra d'autant mieux que cette marche sur Berlin était inopportune, surtout depuis le 8, qu'à cette époque, c'est-à-dire depuis que l'armée de Bohême était en marche sur Leipzig, notre marche sur Berlin ne pouvait produire tous les avantages qu'on en aurait tirés au début des hostilités, attendu qu'à cette heure on ne pouvait pas songer ni à ravitailler nos places de l'Oder et de la Vistule, et encore moins de rallier ces garnisons, vu que le danger prochain et pressant où Leipzig et notre ligne de l'Elbe se trouvaient exposés à l'approche de Schwarzemberg, ne lui aurait jamais permis de s'arrêter plus de quarante-huit heures à Berlin.

Encore une fois, notre intention n'est point de rabaisser systématiquement le mérite de Napoléon. A notre avis, le dénigrement pas plus que les éloges systématiques ne sont la vérité et ne sont de notre goût, parce qu'ils ne prouvent rien ou plutôt cela prouve presque toujours le contraire de ce que l'auteur a voulu prouver.

En effet, dire que c'est là un des plans les plus savants que jamais capitaine ait conçus; c'est, il nous semble, rapetisser les talents de Napoléon, c'est vouloir amoindrir le mérite de ses immortelles campagnes d'Allemagne et d'Italie, c'est pour ainsi dire retrancher dans l'esprit du lecteur, une partie du mérite des profondes et lumineuses combinaisons qui amenèrent les impérissables victoires de Kulm et de Marengo.

A nos yeux le mérite de Napoléon dans cette circonstance (le 10 octobre) n'a point été d'imaginer le plan, c'est d'avoir su promptement y renoncer quarante-huit heures après l'avoir arrêté.

Ce mérite est moins ordinaire et bien plus grand qu'on ne pense.

Ce plan était d'autant plus déraisonnable, que les talents militaires que Schwarzemberg avaient déployés et appris de Napoléon lors de la campagne de Russie, ne permettaient pas de supposer qu'il commettrait une faute aussi grossière que celle de rester inactif dedans ou devant Leïpzig, et de ne pas profiter d'une aussi belle occasion pour se jeter sur l'Elbe qui lui offrait de si beaux avantages matériels sous le rapport des approvisionnements de tous genres, de bouche et de guerre et sous le rapport stratégique.

Si Schwarzemberg eût commis une telle maladresse, où eût été le mérite de Napoléon?

M. Thiers ignore-t-il donc que le mérite du vaincu fait seul le mérite du vainqueur?

Et que si ses désirs, si son plan s'était exécuté de tous points comme il l'avait un moment espéré, ce qu'il y aurait eu d'étonnant, d'extraordinaire, c'est que son adversaire lui eût laissé remporter une telle victoire; oui, ce qui aurait étonné, c'eût été la bêtise inouïe de l'adversaire qui n'avait rien fait ou rien osé faire pendant qu'il lui était si facile de nous faire essuyer de grands revers.

Il serait téméraire peut-être de penser que cette idée d'aller à Berlin a été la seule cause de l'insuccès de nos efforts à Leipzig. Néanmoins, personne ne pourra nier que c'en a été une des causes les plus importantes.

Nous venons d'examiner quels dangers il eût couru sur l'Elbe s'il eût persisté le 12 octobre d'aller à Berlin.

Mais enfin, s'étant ravisé et ayant reconnu qu'il avait eu tort d'aller si loin, il en est pas moins vrai que les mouvements qu'il avait ordonnés à la plupart de ses corps depuis le 10, eurent pour premier résultat et sans combattre, de diminuer ses forces de 20 000 hommes. M. Thiers nous dit lui-même que du 10 au 16 ces courses accélérées et inutiles laissèrent jonchés dans la boue

20 000 de ses jeunes gens morts ou malades de fatigue.

En second lieu, d'après ses ordres, tous les corps qui avaient été lancés au loin pour couper les ponts de l'Elbe ne purent tous revenir a Leïpzig pour le 16. Bertrand, Macdonnald, Ney, Souham, Dombronski, ne purent arriver que le 16 à midi, amenant 35 000 hommes harassés et épuisés de fatique, n'ayant pu prendre un seul instant de repos avant de se mettre en ligne.

Les 15 000 hommes de Regnier ne purent arriver à Leipzig que le 18.

Et en troisième lieu, d'après ces mêmes ordres, les 30.000 hommes de Saint-Cyr restèrent inutilement renfermés dans Dresde. Ces 30 000 hommes nous dira-t-on peut-être, — ne furent pas une force perdue pour Napoléon, puisqu'ils tinrent en échec une quarantaine de mille Autrichiens. Cela paraît vrai au premier abord, mais si l'on songe que si Saint-Cyr eût quitté Dresde, ces 40 000 Autrichiens y seraient restés quand même pour garder la ville ; on en conviendra, que ces 30 000 hommes furent bien réellement une force perdue pour Napoléon.

Ce qui au total fait 65 000 hommes qui manquèrent complétement à Napoléon, par suite de ces ordres du 10 octobre.

Et 35 000 autres, qu'il n'eut qu'au milieu de la journée du 16, c'est-à-dire que 43 heures après le commencement de la bataille.

Au total, 100 000 hommes lui manquèrent au début de la bataille, par suite de ses ordres du 10.

Et de plus, tandis que les deux tiers de l'armée de Napoléon étaient épuisés par ces courses inutiles, l'armée de Bohême entière, n'ayant marché qu'à petites journées et s'étant reposée la moitié de la journée du 14 et la journée entière du 15, était, on pouvait dire, des plus fraîches et des mieux en état. A ce point, qu'il y a lieu de s'étonner grandement de ce que nous n'avons pas été détruits et dispersés complétement dès le premier choc.

Si Napoléon avait eu 65 000 hommes de plus ce jour là, et si ses troupes eussent été aussi reposées que celles des alliés, ne pourrait-on pas penser qu'il aurait pu mettre ses ennemis en complète déroute ?

Nous venons de critiquer la marche que Napoléon suivit depuis son départ de Dresde du 7 octobre ; oserons-nous dire quelle marche Napoléon aurait dû suivre ?

Nous nous permettrons d'autant mieux de dire notre avis, que la marche ou, pour mieux dire, que le plan que nous allons indiquer n'est pas sorti de notre imagination.

Non, c'est encore une idée de Napoléon, idée heureuse, que dans cette même campagne il tenta d'exécuter et qui, lors même qu'elle ne s'exécuta pas, n'en est pas moins belle, ni moins grande, ni moins avantageuse, ni moins prudente.

Nous voulons parler de la manœuvre qu'il avait eu l'idée d'exécuter autour de Dresde, le 24 août.

Si le 7 octobre, il eût eu la pensée d'exécuter autour de Leipzig ce qu'il avait tenté autour de Dresde, au lieu d'aller à Wurtzen, il serait resté à Dresde quelque jours de plus. Il aurait dû d'abord, dans ce cas, envoyer 20 000 hommes de renforts à Ney, ce qui aurait fait à ce dernier une force de 55 000 hommes avec lesquels il pouvait retarder de plusieurs jours le passage de l'Elbe aux armées de Silésie et du Nord, ces deux armées réunies ne comptant pas plus de 120 à 130 000 hommes.

Puis, faisant passer toutes ses troupes sur la gauche de l'Elbe, il aurait attendu avant de se mettre en mouvement que l'armée de Bohême fût toute descendue dans la plaine et que la tête des colonnes de cette armée eût dépassé Altemberg, tout en ordonnant à Murat de battre en retraite, mais en bon ordre, jusqu'à Leipzig.

Mais une fois que la tête des colonnes autrichiennes aurait dépassé Altemberg et sa queue à Schmnitz, si Napoléon partant de Dresde, fût tombé comme la foudre sur les flancs et sur les derrières de cette armée surprise ainsi entre deux feux, entre Murat et Napoléon, ne courait-elle pas le risque de subir la plus grande catastrophe que jamais armée en rase campagne ait subie?

Il aurait pu là, comme il l'aurait pu et comme il se l'était promis à Dresde, faire prisonniers tous les souverains et anéantir par conséquent en un seul jour la coalition !

Qu'on nous dise si ce résultat n'était pas plus beau, plus grand, et surtout s'il n'était pas plus sûr que celui qu'il se promettait en allant à Berlin?

Et surtout qu'on veuille bien remarquer que de cette manière il mettait en sûreté sa ligne d'Elbe et n'exposait aucun de ses lieutenants.

M. Thiers ne pourra pas nous dire que ce plan était trop simple, trop vulgaire pour un capitaine comme Napoléon, car lui-même en fait comme d'habitude le plus grand éloge, lorsque Napoléon avait tenté de l'exécuter autour de Dresde.

Le cas était le même que celui du 24 août (1), la situation plus avantageuse encore, en ce sens que les alliés étaient bien plus loin de Leipzig qu'ils ne l'étaient de Dresde le 24 août, et aussi la ville était bien moins importante que Dresde, par conséquent, Napoléon n'aurait pas eu à craindre pour Leipzig ce qu'il avait eu à craindre pour les habitants de Dresde: car on sait que les habitants de Dresde, épouvantés par la menace d'un bombardement, furent pris d'une panique étrange et que ce fut pour les rassurer qu'il abandonna son plan imaginé le 4 août, ce qui l'obligea à venir directement à Dresde, au

---

(1) Voir le 16e volume du *Consulat et de l'Empire*, par Thiers.

lieu de tourner l'ennemi et le surprendre sur ses derrières au moment où il se trouvait en face de Dresde.

Par ce plan, en effet, si l'armée de Bohême devait être détruite et mise en complète déroute, Dresde pouvait aussi être brûlée et saccagée.

Leipzig, comme nous l'avons déjà dit, ne courait pas le même danger, parce que l'ennemi n'était pas à ses portes, et de plus, Leipzig n'avait pas la même importance.

Maintenant il y avait encore un autre moyen, qui, sans obtenir ou du moins sans promettre d'aussi brillants résultats, n'en aurait pas moins donné lieu à une victoire complète.

Ce moyen eût consisté, au lieu d'aller le 7 à Vurtzen, et de Vurtzen à Ellenbourg, de venir droit à Leipzig à petites journées, car rien ne pressait d'arriver. Là, choisir son terrain, ses positions sur toutes les routes, et attendre comme à l'embuscade le premier ennemi qui oserait se montrer; n'envoyer à Ney qu'un renfort de 15 à 20 mille hommes, pour retarder autant que possible l'arrivée des armées du Nord et de Silésie.

Là, il aurait eu grandement le temps de se reposer en attendant l'ennemi.

On nous dira peut-être que cette situation ne diffère pas beaucoup de celle prise par Napoléon, le 16 octobre.

Cela peut sembler ainsi au premier abord; mais on conviendra de l'énorme différence qu'il y aurait eu à avoir des troupes fraîches, reposées et d'avoir pu choisir nous-mêmes nos positions. Nous n'aurions pas perdu ainsi les 20 mille hommes laissés mourants sur les routes de Vurtzen à l'Elbe, il aurait eu ainsi le maréchal Saint-Cyr, et enfin les 65 mille hommes qui lui manquaient le 16.

C'était plus qu'il n'en fallait pour changer la face des choses, et les résultats de cette journée, même en supposant que nous eussions eu, comme dans la journée du 16, affaire tout à la fois à Blücher et à Schwarzemberg.

Mais il y a cent à parier contre un, que si Napoléon fût resté ainsi à l'affût dans Leipzig, Blücher ne serait pas arrivé devant Leipzig le même jour que Schwarzemberg.

Et la preuve de ce que nous avançons, c'est qu'en effet ils n'y arrivèrent point le même jour. Aussi Schwarzemberg était si peu pressé d'attaquer, qu'arrivé le **14** à Lebert-Wolkvitz et Wachau, à l'endroit où il combattit le **16**, il resta une partie de la journée du **14** et toute celle du **15** à délibérer sur la manière d'attaquer, et certainement aussi dans l'intention de donner à Blücher et à Bernadotte le temps d'arriver, d'où nous concluons que si Napoléon eût suivi le plan ou la marche que nous venons d'indiquer, il se serait trouvé le **9** ou le **10** au plus tard, à Leipzig. Or, l'armée de Bohême était le **13** au soir devant cette ville, puisqu'il y eut un petit combat d'avant-garde entre Murat et Schwarzemberg à Vachau, à l'endroit même où s'engagea la bataille du **16**. Donc, Napoléon, s'il se fût trouvé le **10** ou même que le **12** à Leipzig, la grande bataille contre l'armée de Bohême aurait pu avoir lieu deux jours plus tôt, c'est-à-dire le **14**, et avec des forces égales ou presque égales ; car, le **14**, Blücher était encore à deux journées en arrière et par conséquent dans l'impossibilité de prêter le moindre concours à Schwarzemberg.

Nous aurions eu nous-mêmes 65 mille hommes de plus, et les alliés eux-mêmes les 60 mille hommes de Blücher en moins ! Qu'on juge alors de la différence des résultats !

Etant ainsi nous-mêmes égaux en nombre, ne pouvons-nous pas, sans témérité, avancer que Schwarzembeg eût subi, le **14**, une défaite pour le moins aussi grave que celle du **27** août, et se voir obligé de battre en retraite ?

Cela n'est point une supposition hasardée, car chaque fois que Napoléon avait l'égalité du nombre, il était sûr de la victoire. Nous n'avons jamais, Dieu merci, été écrasés que par un nombre d'ennemis bien supérieur.

Que seraient devenus Blücher et Bernadotte si, à leur tour, ils se fussent présentés devant Napoléon victorieux?

On le voit, la journée du 14 aurait suffi pour mettre la victoire complète de notre côté, et nous eussions vu fuir les trois armées de la coalition !

C'était un résultat presque inévitable; tel est aussi l'avis de M. Thiers, qui a pensé que cette deuxième manière d'opérer était la plus simple et la plus sûre.

M. Thiers n'en soutient pas moins, que c'est à sa politique, à son excessive ambition qu'il faut attribuer la fâcheuse et fausse position, dans laquelle se trouva Napoléon, le 16 octobre, et que c'est au vain désir de frapper de grands coups pour maintenir son prestige et obtenir de grandioses résultats qu'il tenta d'aller à Berlin.

Ce qui prouve que ce n'est là qu'une erreur, et un faux jugement, c'est que le prestige d'un général se mesure plutôt à la grandeur des résultats acquis qu'à la grandeur et au mérite de la combinaison, deux choses qu'il ne faut point confondre, car elles ne vont pas toujours ensemble; mais il n'en est pas moins vrai que, quoique à tort, c'est ainsi qu'en juge généralement le public. Si donc il ne s'agissait que de maintenir son prestige par de beaux résultats, le premier plan que nous avons indiqué, consistant à tomber sur les derrières et sur le flanc de cette armée à Schmnitz, n'était-il pas aussi beau, aussi ingénieux qu'aucun? Et jamais si beaux résultats ne s'étaient-ils montrés plus probables que ceux que Napoléon était en droit d'espérer par ce plan ?

Il pouvait faire les trois souverains prisonniers, tout aussi bien qu'il l'espérait devant Dresde le 24 août, et terminer peut-être en un seul jour les hostilités, car il n'était pas probable que Blücher ni Bernadotte, fussent-ils réunis, osassent se mesurer avec lui, dès qu'ils auraient su l'armée de Bohême en déroute. Napoléon a-t-il jamais eu, dans le cours de sa longue carrière, de plus brillantes perspectives et des résultats plus décisifs à espérer d'une manœuvre?

On saisira l'importance d'une bonne ou mauvaise combinaison, puisqu'à la veille du plus grand des malheurs, Napoléon, on peut le dire, était à la veille de la plus grande de ses victoires, du plus beau de ses triomphes, couronné par des résultats incomparables.

Nous ne voulons point terminer sans dire quelques mots de cette retraite que Napoléon opéra après les trois journées de Leipzig. Nous n'en parlerons pas, pour retracer les péripéties douloureuses et les sanglantes horreurs qui accompagnèrent notre passage sur le pont de Lindenau. Non, notre but n'est point de retracer un si triste tableau, si bien fait et si bien dépeint par M. Thiers; mais nous voulons examiner si Napoléon ne pouvait pas s'éviter de si graves désastres, et s'il n'eût pas mieux fait de suivre une autre marche.

N'ayant qu'un seul pont, celui de Lindenau, et de plus long d'une demi-lieue, ce qui ajoutait beaucoup aux difficultés du passage et rendit notre retraite si désastreuse, puisque nous perdîmes en hommes tués, noyés ou faits prisonniers, faute d'avoir pu passer, avant la rupture du pont, un nombre d'hommes beaucoup plus grand que dans la journée du 16, nous nous sommes demandé si Napoléon n'aurait pas mieux fait de suivre la route opposée qui nous ramenait à Torgau ou bien celle qui nous ramenait à Dresde?

De ce côté, nous n'aurions pas eu les immenses difficultés que nous offrait le passage sur un seul pont. De plus, vers l'est, la route nous était ouverte et plus libre sous tous rapports; là, aucun ennemi ne nous barrait le chemin, car, ainsi que le démontrent les correspondances de Napoléon, Blücher, jusqu'ici, n'avait pu, dans cette plaine si vaste, étendre son bras vers Schwarzemberg. Nous avions perdu 30 mille hommes, morts ou prisonniers, le seul jour du passage du pont de Lindenau ; on peut affirmer que Napoléon n'en aurait pas perdu 10 mille pour se rendre à Torgau.

De plus, on peut dire aussi que cette retraite sur Torgau n'eût pas ressemblé à une retraite et qu'il n'en aurait rien coûté à l'orgueil de Napoléon pour suivre cette route. Si donc il eût adopté cette route, il n'aurait pas tenté, le 18, cette bataille inutile qu'il ne soutint que pour soulager son orgueil, pour n'avoir pas l'air d'être forcé de battre en retraite, bravade qui nous coûta encore 10 mille hommes ; s'il eût accepté cette route le 17, il se serait mis en route pour Torgau et il eût attendu pour combattre de nouveau d'avoir rallié à lui les garnisons de Meissen, de Dresde et celle de Torgau. Il n'y aurait donc pu avoir que quelques petits combats d'arrière-garde ; en supposant que de Leipzig à Torgau nous eussions perdu 10 mille hommes dans ces petits combats, nous exagérons donc plutôt la perte que nous ne la diminuons.

Nous avons perdu 10 000 hommes le 18 et 30 000 le 19. La perte en moins par cette route eût donc été de 30 000 hommes.

Aux 26 000 hommes renfermés dans Torgau et Meissen joignant les 30 000 renfermés à Dresde, et qu'il pouvait très-bien ramener à Torgau, c'eût donc été au total en arrivant à Torgau une force de 96 000 hommes de plus qu'il n'avait pas après avoir passé le pont de Lindenau ; car on sait qu'après avoir effectué ce passage, c'était tout au plus 110 000 hommes qui lui restaient.

Napoléon se serait donc vu à Torgau, avec une armée de 200.000 hommes au moins, avec laquelle il n'avait plus rien à craindre de la poursuite des coalisés et pouvait se retirer à Hambourg sans grandes pertes.

Par ce côté, il aurait aussi sauvé son grand quartier-général qui, on le sait, était resté en arrière sur la route de Dubben à Leipzig, et qui fut entièrement perdu pour Napoléon avec tout le trésor de l'armée, que ce quartier-général avait eu en dépot.

Ce grand quartier-général possédait outre le trésor de Napoléon et de l'armée qui était assez considérable, le parc du génie, une partie du parc de l'artillerie, l'équipage de pont, tout cela eût été sauvé avec les quelques milliers h'hommes qui l'accompagnaient et valaient bien la peine qu'on y pensât.

On aurait encore sauvé les immenses approvisionnements de tous genres que Napoléon avait accumulés au prix de tant d'efforts et de tant d'argent, dans les places de l'Elbe.

A Torgau, ne s'y arrêter que juste le temps nécessaire pour ramener à soi les garnisons de Meissen et de Dresde, puis de là descendre l'Elbe par la rive droite en se couvrant de l'Elbe, nous pouvions à l'abri de ce fleuve espérer d'arriver à Vittemberg saus combattre. Là, recueillant les 3000 composant la garnison, nous supposerons néanmoins que les forces de Napoléon n'en eussent point été acrues, attendu qu'il pouvait bien avoir perdu en malades le long de la route le même nombre d'hommes.

De là il est possible que ce génie audacieux ne se serait pas rendu à Hambourg directement. Si près de Berlin, qui en ce moment était à découvert, dépourvu de forces, et où il n'aurait eu qu'à se présenter pour y rentrer, aurait-il pu résister à cette tentation qui lui permettait de ramener encore à lui les forces qu'il avait sur l'Oder et la Vistule ?

En tous cas, à cette heure, portant la guerre au nord, n'ayant plus rien à craindre pour l'Elbe, depuis qu'il eût fait l'abandon de Torgau et de Dresde, cette tentative hardie offrait d'assez beaux résultats et aurait présenté peu de danger à courir ; car l'ennemi, depuis son retour à Torgau, ignorant ses desseins, Napoléon pouvait l'avoir distancé de quelques jours ; et puis, pour garder Leipzig, Dresde, Torgau, l'ennemi n'allait-il pas beaucoup s'affaiblir.

Toutes ces causes réunies, l'ignorance des projets de

Napoléon, devaient faire que notre rentrée à Berlin se fût faite tambour battant. Ainsi, il serait sorti d'un bien mauvais pas, avec toute les apparences de la victoire, et peut-être en eût-il tiré tous les fruits.

Les alliés déconcertés par cette marche, par cette prise d'une de leurs capitales, n'auraient-ils point été amenés à traiter?

Et si les alliés ne demandaient pas à traiter, ne pouvait-il pas toujours avec 200 000 hommes leur opposer une résistance indéfinie dans les murs de cette capitale, et au besoin ne pouvait-il pas toujours se retirer à Hambourg? Car il ne faut point oublier que si les alliés se fussent mis à sa poursuite, ignorant ses projets, lui-même ayant de plus toutes ses forces sous la main, ils n'auraient jamais pu opposer à Napoléon plus de 200 000 hommes, car ils ne pouvaient moins faire que d'avoir, au lendemain du départ de Napoléon pour Torgau, laissé une armée, celle de Blücher ou de Bernadotte, à Leipzig, pour se garder en cas d'un retour de Napoléon sur Leipzig, et de plus ils devaient, ainsi que nous l'avons déjà dit, beaucoup s'affaiblir pour garder les places de l'Elbe, que nous leur abandonnions.

Mais supposons-lui des projets moins ambitieux, supposons que continuant à suivre la rive droite de l'Elbe, il se fût dirigé directement sur Magdebourg pour rallier ainsi toutes les forces qu'il avait éparpillées sur l'Elbe.

De Vittembourg, en deux jours on arrivait à Magdebourg, et s'il y avait quelque probabilité pour rencontrer l'armée ennemie, ce devait être entre ces deux villes, où on aurait pu tenter de nous couper notre retraite sur Hambourg; mais s'ils eussent passé l'Elbe pour nous barrer le passage, Napoléon avec ses 200 mille hommes pouvait les jeter à la rivière et leur faire essuyer un désastre, attendu que cette poursuite n'aurait pu être faite par les trois armées réunies; eussions-nous rencontré la plus forte, que nous étions également certains de la victoire. Supposons cependant une bataille indécise comme celle du 16 à Leipzig et où nous aurions perdu 10 mille hommes ; en arrivant à Magdebourg nous y trouvions là 25 mille hommes, ce qui aurait reporté nos forces, défalcation faite de nos pertes supposées, à 215 mille hommes. De Magdebourg passant sur la rive gauche ou restant sur la rive droite, suivant la position des alliés, nous devions arriver à Hambourg sans combat et au moins avec 210 à 215 mille hommes ; supposons 210 mille, en arrivant à Hambourg, nos forces se trouvaient donc relevées à 250 mille hommes, puisque nous avions 40 mille hommes dans cette garnison.

Il était donc possible à Napoléon, même après la journée du 16, de se reconstituer une armée de 250 mille hommes.

Mais — nous disent certaines personnes — dans cette retraite vous supposez des pertes, mais peut-être eussent-elles été beaucoup plus fortes ?

Convaincu au contraire que nous avons plutôt porté un chiffre de pertes plus haut encore que la réalité, nous allons donc essayer de répondre à cette question et à ces gens qui pensent qu'au contraire nos pertes eussent été plus plus fortes.

Or, d'après les suppositions que nous venons de faire, nos pertes depuis Leïpzig à Hambourg eussent été de 28 mille hommes, soit 10 mille de Leipzig à Torgau et 18 mille de Torgau à Hambourg. Après lesquelles pertes il nous serait resté 250 mille hommes en arrivant à Hambourg.

Voyons donc si elles devaient être plus fortes :

Il est clair que l'étendue de nos pertes allait dépendre du plan qu'auraient suivi les alliés.

Nous allons donc examiner ce qu'il est probable que les alliés eussent fait.

Sans doute, en nous voyant retirer sur l'Elbe, ils eussent laissé une force imposante à Leipzig et au moins une des trois armées, et cela est si naturel que notre supposition égale la vérité, car en nous retirant sur Torgau, les alliés auraient ignoré si notre intention était de nous retirer jusqu'à Hambourg, ou si, renforcés des garnisons de Dresde, Meissein et Torgau, nous n'allions pas tenter de revenir sur Leïpzig, soit dans l'intention de prendre notre revanche du 16, soit de reprendre la route de Mayence. On voit par ces considérations que les alliés eussent été dans une grande perplexité en nous voyant retirer sur Torgau ; ils eussent été d'autant plus inquiets, que cela ne ressemblait plus à une retraite.

Or, après la journée du 17, l'armée des alliés ayant reçu tous ses renforts, c'est-à-dire 50 mille hommes avec Bennigsen, 60 mille avec Bernadotte, leurs forces à la fin de la journée du 17 et malgré leurs grandes pertes du 16, s'étaient donc relevées au chiffre de 300 mille hommes.

De ces 300 mille hommes, ne peut-on pas supposer d'après les considérations ci-dessus qu'il en serait resté la moitié à Leipzig et peut-être tous.

Dans ce dernier cas Napoléon n'aurait point perdu du monde pour se retirer à Torgau, mais ce cas était le moins probable. On doit supposer que le gros de leurs forces nous eût suivis avec 200 mille hommes ; mais malgré cela Napoléon n'ayant pas subi les pertes du 18 et du 19, pouvait faire une retraite sur Torgau, imposante, et se retirer sans être obligé de livrer bataille jusqu'à Torgau. Là seulement, Napoléon ne pouvant pas reculer plus loin, l'ennemi pouvait nous attaquer, et Napoléon eût été forcé à accepter la bataille si on la lui eût offerte ; mais outre qu'il pouvait s'abriter derrière l'Elbe, le renfort de 26 000 hommes que nous procurait la garnison de Torgau portait nos forces à 180 mille hommes, en supposant que l'attaque eût lieu avant la réunion de la garnison de Dresde. Avec ces 180 mille hommes, couverts par l'Elbe, les 200 mille ennemis ne pouvaient nous faire aucun mal, et Napoléon pouvait au contraire avec des forces pareilles prendre une éclatante revanche de la journée du 16; en supposant que dans cette affaire nous ayons perdu 10 mille hommes, c'est le pis aller. En tous cas il pouvait toujours débloquer Dresde et ramener à lui cette garnison, et une fois cette garnison ralliée, ses forces se trouvaient alors reportées à 200 mille hommes, malgré la perte de 10 mille que nous venons de supposer dans un combat près de Torgau.

On voit par ce seul exposé, que notre retraite sur Magdebourg et Hambourg pouvait s'effectuer sans grandes pertes et peut-être sans grandes batailles; donc de Leipzig à Torgau, en évaluant nos pertes à 10 mille hommes, et de Torgau à Hambourg à 18 mille, nous avons plutôt exagéré que diminué la réalité des pertes qu'on aurait épouvées.

« Mais — nous a-t-on fait observer — en se retirant à
« Hambourg, Napoléon se renforçait beaucoup, c'est
« vrai ; mais il laissait aussi la route de France ouverte
« aux alliés de tous côtés. »

C'est vrai ; mais croira-t-on que les alliés se seraient aventurés sur le Rhin pendant que Napoléon, de Torgau, pouvait si facilement se diriger sur Berlin, et sachant de plus qu'en ne ralliant que les forces qu'il avait sur l'Elbe, il allait avoir encore 250 mille hommes et 300 mille en ralliant celles de l'Oder et de la Vistule?

Pouvaient-ils s'exposer si loin de leurs frontières, quand Napoléon était si près de Berlin?

Ah, s'ils eussent été aussi près de Paris que Napoléon l'était de Berlin, nous aurions compris leur audace, c'est-à-dire qu'ils auraient pu s'aventurer sur Paris, pendant que Napoléon serait entré à Berlin. Mais à cette heure, n'ayant gagné aucune bataille sur nous, pouvaient-ils songer à marcher à Paris? Non, il n'est pas même possible de faire cette supposition, car on sait que même après notre désastreuse retraite sur Mayence, ce ne fut pas sans de grandes appréhensions, sans frayeur, qu'ils tentèrent de passer le Rhin, à ce point qu'avant de le passer ils offrirent à Napoléon de traiter et nous offraient à cette époque la ligne du Rhin pour frontière.

D'ailleurs les alliés en s'aventurant sur le Rhin ne couraient-ils pas de grands dangers en laissant derrière eux Napoléon avec 250 mille hommes réunis à Magdebourg où à Hambourg et pouvant fondre sur les derrières de cette armée éparpillée sur nos frontières.

On voit par cet exposé qu'il n'est pas même possible de supposer que les alliés se fussent aventurés sur le Rhin, et pour faire comprendre combien cette retraite était préférable à celle sur Mayence, nous ferons remarquer que Napoléon avait plus de secours de tous genres à espérer en se retirant sur Torgau d'abord, et sur Hambourg, qu'en se retirant sur le Rhin.

Car, on s'en souvient, tout était jusqu'à cette époque préparé pour la conquête, mais rien n'avait été fait pour la défense, et nos places sur le Rhin étaient dépourvues de tout, par cette raison bien simple que jusqu'au 16 octobre, Napoléon n'avait jamais cru qu'il pouvait être contraint à se défendre sur le Rhin ; tandis que toutes les places de l'Elbe et de l'intérieur de l'Al-l'Allemagne regorgeaient d'approvisionnements de tous genres que nous pouvions sauver en nous retirant sur l'Elbe ; nous nous trouvions donc dans la plus triste position en nous retirant sur le Rhin.

Les approvisionnements de bouche, de guerre, le grand quartier-général, tous nos parcs et nos équipages, nos ponts et le trésor de Napoléon, tout était sauvé en nous retirant sur Torgau ; et de plus ce qu'il y avait de plus important, c'est qu'en hommes même nous nous renforcions beaucoup plus qu'en nous portant sur le Rhin.

Maintenant si nous dirigeons nos regards sur cette position de Napoléon à Magdebourg où à Hambourg avec 250 mille hommes, ne doit-on pas supposer qu'en voyant Napoléon se diriger de Torgau sur Vittemberg, les alliés se seraient portés en toute hâte autour de

Berlin, et cela plutôt encore avec l'intention de nous barrer le chemin de Berlin que de nous barrer le chemin de Magdebourg?

Dans tous les cas donnés, nous aurions toujours pu sans grandes pertes nous retirer sur Hambourg.

Quel changement notre retraite sur Hambourg avec 250 mille hommes n'eût-il pas apporté dans les résultats de cette campagne, qui aurait pu se terminer d'une manière encore bien glorieuse pour la France?

Nous ne voulons pas dire que Napoléon eût pu vaincre les alliés, et que par ce seul changement de retraite il eût pu changer une défaite en une complète victoire. — Non, car il faut à la guerre admettre toujours et surtout dans un plan, nous ne devons admettre que des choses faciles et par conséquent probables. Or, même avec 250 mille hommes on ne pourrait assurer que dans ces contrées où le peuple nous était très-hostile, nous eussions pu obtenir de bien grands résultats, ayant à lutter contre 300 mille ennemis. Cependant il n'y avait rien d'impossible qu'il ne terminât la campagne par une grande victoire, car ayant, réunis, ses 250 mille hommes sous sa main, il pouvait encore avec son génie tenter de grandes choses, car la disproportion des forces n'était plus aussi grande qu'à Leipzig.

Mais sans supposer d'aussi brillants résultats, n'est-on pas en droit de penser que, placés à Hambourg avec 250 000 hommes, nous n'eussions pas été contraints à nous défendre sur le Rhin et que la mauvaise saison s'avançant, les alliés se seraient décidés à prendre leur quartier d'hiver entre l'Elbe et Berlin, et nous, à Hambourg, et qu'on en serait venu à rouvrir les négociations?

La campagne n'ayant été décisive ni pour les uns ni pour les autres, on se fût fait mutuellement des concessions, et, dans cette position, non-seulement nous eussions conservé nos frontières naturelles, mais il est probable qu'abandonnant son titre de protecteur de la

Confédération du Rhin, abandonnant les villes d'Hambourg, Brême, Lubeck et une partie du Hanovre et l'Illyrie, nous aurions pu conserver tout le reste, c'est-à-dire toute l'Italie, le royaume de Westphalie et toute la Hollande.

Pour Napoléon surtout, n'ayant pas pu terminer la campagne par des succès décisifs, il n'eût plus osé, devant la pression de l'opinion publique et devant celle de ses lieutenants, maintenir les mêmes prétentions qu'à Prague; car on sait qu'à Prague, non-seulement on lui accordait l'Italie, la Westphalie et la Hollande, mais on lui accordait encore une bonne partie du Hanovre et qu'enfin on ne demandait de lui que l'abandon des villes libres et l'abandon de ce vain titre de protecteur de la Confédération du Rhin.

Ses prétentions déraisonnables, il avait bien pu les tenir secrètes pendant quelques mois en 1813, lors des négociations de Prague; mais dans de nouvelles négociations il n'aurait pu se montrer aussi vague ni aussi impérieux avec ses adversaires, pas plus qu'avec ses propres négociateurs, et ni aussi indifférent avec l'opinion publique de la France qui commençait à se lasser de verser son sang pour un homme qui ne savait pas mettre de bornes à son ambition.

Napoléon, enfin obligé de s'expliquer et de satisfaire l'opinion publique, qu'il ne pouvait plus tromper, aurait, ce nous semble, renoncé à ces villes anséatiques et à ce vain titre de protecteur, pour lequel il n'avait pas craint de verser le sang de 100 000 Français et de sacrifier la liberté de 200 000 autres; et faisant encore l'abandon d'une partie ou même de tout le Hanovre, il était certain de donner la paix à toute l'Europe.

Tel eût été, croyons-nous, le résultat de cette campagne, si Napoléon se fût rejeté sur Torgau, et de Torgau à Hambourg.

Signalons un dernier oubli de Napoléon, oubli si important que nous avons peine à le comprendre.

Le 17 octobre, Napoléon est résolu à battre en retraite sur le Rhin ; comment se fait-il que ce jour-là il n'ait pas donné l'ordre aux garnisons de l'Elbe, et notamment à Torgau ou à Dresde de se réunir et de se reporter à Hambourg ?

En sacrifiant quelques centaines d'hommes, mettons quelques milliers encore, cet ordre aurait pu leur parvenir, car ces places n'étaient pas bloquées avec de grandes forces. 1000 hommes déterminés auraient bien pu s'ouvrir un passage, mais n'en eût-il rentré qu'*un* à Dresde que c'était assez pour en sauver 136 000 !

CONCLUSION.

Si nous avons critiqué une partie des plans de cette campagne de 1813, ce n'est point parce que les combinaisons de Napoléon n'eurent pas le succès auquel nous étions habitués. — Non, nous ne voulons point tomber dans ce défaut, hélas ! trop commun, de louer ce qui réussit et de ne blâmer que ce qui échoue. Non, nous dirons plus, à la guerre, la plus grande, la plus belle, la plus sage des combinaisons peut échouer quelquefois, de même que la plus folle peut réussir, ainsi que nous en citerons des preuves. Mais, lorsqu'il y a égalité de forces chez deux adversaires, on peut dire, règle générale, c'est à la meilleure des combinaisons, c'est au plus habile que restera la victoire. Et, si le contraire arrive,

. c'est à l'examen des causes qui ont produit des résultats si contraires à ce qui aurait dû être, que doit s'appliquer le critique consciencieux, celui qui veut rester impartial et dans le vrai. C'est à cet examen qu'il reconnaîtra si le mérite est bien à soi, ou s'il n'est rien dû qu'à des fautes bien grossières de votre adversaire. Un tel examen sera toujours très-difficile, surtout si le critique est passionné.

Pour prouver, par exemple, que le succès ne couronne pas toujours les plus belles conceptions, il ne nous en coûtera pas de reconnaître et de dire que jamais les talents militaires de Napoléon ne brillèrent d'un plus vif éclat, jamais il ne produisit de plus vastes combinaisons, n'exécuta de plus savantes manœuvres, que dans cette malheureuse campagne de 1814.

Mais, ce qui fait que nous croyons être resté dans le vrai, c'est que nous n'avons jamais supposé des efforts extraordinaires, comme par exemple celui de résister dans la proportion de un contre deux pour arriver à justifier les résultats que nous prévoyions d'après notre manière de voir à nous. — Non, tenant compte de la jeunesse de nos soldats, de leurs fatigues comme de leur bravoure, tenant compte aussi de la passion des alliés, de leur amour pour l'indépendance que tout homme comme tout peuple porte en lui, comme aussi du dépit du soldat français qui commençait à s'apercevoir qu'il ne se battait plus que pour la gloire et pour satisfaire l'orgueil d'un seul homme, nous n'avons jamais, dans les suppositions que nous avons faites, admis que des succès possibles avec un tel état de choses, c'est-à-dire que nous n'avons supposé la victoire que dans le cas où nous combattions avec des forces égales ou à peu près égales.

Oui, en tenant compte de toutes les circonstances que nous venons d'énumérer et aussi de la politique de Napoléon, qui certainement eut de tristes influences sur cette campagne, nous n'en sommes pas moins d'avis, malgré tout cela, que deux fois le succès était possible.

La première fois, après la victoire de Dresde; la deuxième à Leipzig. Ce ne fut donc pas la fortune qui lui fut infidèle, non, ce fut lui, au contraire, qui la méprisa, et qui rendit inutiles les efforts héroïques de ses soldats.

' En résumé, on peut dire qu'en 1813 nous ne succombâmes que par les fautes, l'imprévoyance ou les distractions bien démontrées de Napoléon; tandis qu'en 1814 nous ne succombâmes que devant le nombre. La disproportion des forces était telle, en 1814, que le génie du plus grand des capitaines ne devait pas suffire pour vaincre, ses soldats fussent-ils tous des héros, qu'ils eussent tous succombé, que tous ensemble, eux et lui, se fussent ensevelis dans la même gloire et dans les mêmes malheurs.

Nous venons de dire que ce fut à la faute et à l'imprévoyance de Napoléon que nous attribuons nos revers de 1813; nous sentons le besoin de nous expliquer ici; car, la plupart du temps, on peut dire que ce fut l'homme le plus prévoyant et le plus actif qui se puisse voir, et même, dans cette campagne, son imprévoyance ne fut pas continuelle, tant s'en faut, car là encore, la plupart du temps, sa conception est vive, claire et précise, à ce point qu'il serait peut-être plus vrai de dire qu'il ne fut que distrait, et par moments, distraction qui lui fait oublier parfois le soir ce qu'il a pensé le matin, comme, par exemple, dans la journée du 10 octobre.

A quelles causes faut-il attribuer ces distractions?

Nous n'en savons rien. Toujours est-il, qu'on serait tenté de croire que quelques fortes préoccupations de sa vie privée venaient souvent le distraire de ses préoccupations militaires.

Aussi parfois ses ordres en sont moins clairs; témoin cet ordre mal donné au maréchal Ney, le 23 août, qui nous valut en partie l'échec de la Kalsback. Napoléon, dans cette circonstance, avait enjoint au maréchal Ney, qui commandait le 3° corps, de le suivre à Dresde, mais cet ordre ne spécifiant pas clairement qu'il s'agissait de la personne du maréchal Ney et non de ses troupes, le 3e corps lui-même s'était aussi dirigé sur Dresde, et l'armée française, vers son aile gauche, avait semblé battre en retraite; d'où Blücher put conclure que Napoléon n'était plus là, et qu'il pouvait revenir sur l'armée française privée de sa présence et probablement aussi d'une partie de ses forces; tandis qu'il eût été si utile d'entretenir Blücher dans l'idée que Napoléon était toujours devant lui; cette retraite du corps de Ney fit donc tout à coup ouvrir les yeux à Blücher, et penser que Napoléon n'était plus là. Aussi, au lieu de continuer de battre en retraite, il s'arrête soudain, reprend l'offensive, et vient surprendre Macdonald.

Et pour prouver que Napoléon n'était point infaillible dans ses combinaisons, n'avons-nous pas vu après les désastres de la Kalsback, de Kulm, de Gross-Beeren qui accablèrent presque coup sur coup ses principaux lieutenants, n'a-t-il pas lui-même reconnu que son corps placé sur le Bober, était trop loin de son centre, et qu'il aurait dû le placer sur la Neisse?

Ce ne fut pas le seul cas où Napoléon reconnut son erreur. Le 12 octobre, 48 heures après avoir formé, ou pour mieux dire arrêté le projet de marcher sur Berlin, ne le voyons-nous pas abandonner tout-à-coup ce projet et revenir sur ses pas.

Il ne s'était rien passé d'extraordinaire du côté de l'ennemi, rien que de naturel, ainsi que nous l'avons déjà démontré. Et pourtant Napoléon renonce à son projet, tout simplement parce qu'il reconnait à cette heure les immenses dangers auxquelles il exposait les places de l'Elbe et de Leipzig; quelques-uns de ces dangers lui avaient échappé de la mémoire le 10 octobre au soir, au moment où il résolut d'aller à Berlin.

Ajoutons que ce n'est pas déjà un si petit mérite que celui de reconnaître son erreur, car combien les dangers n'eussent-ils pas été plus grands s'il y eût persévéré? C'est déjà, ce nous semble la preuve d'un grand bon sens et digne d'un homme peu ordinaire, car généralement le vulgaire persévère dans ses erreurs, faute de les connaître, ou quand il lui arrive de les reconnaître, il y persévère par orgueil et par entêtement.

Mais, nous dira-t-on peut-être, il est facile, à vous critique, de voir après coup les fautes d'autrui.

Nous répondrons à cela que la critique consciencieuse est bien moins facile qu'on ne pense.

Certainement elle serait aisée, s'il ne s'agissait que de blâmer tout ce qui a été fait, quand une opération ne réussit pas, ou de tout louer quand elle réussit. Oui, alors, la critique serait aisée, mais un critique vraiment digne de ce nom doit, s'il pense qu'une opération a été mal conduite, prouver qu'on aurait pu mieux faire et dire comment elle aurait dû être conduite.

Un critique consciencieux doit aussi louer un plan bien conçu, lors-même qu'il n'a pas donné de beaux résultats, ou qu'il n'en a donné que de mauvais.

Là est le point difficile.

Pour prouver cette difficulté, en même temps que notre impartialité, nous citerons un exemple :

Lorsqu'au début des hostilités, Napoléon choisit la ligne de l'Elbe pour sa ligne de défense et pour en faire la base de ses opérations, combien ne rencontra-t-il pas de contradicteurs sur ce choix? On le sait, tous ses lieutenants critiquèrent le choix, tous étaient d'un avis contraire. Quelques-uns auraient préféré le Bober, d'autres au contraire prêchaient pour le Rhin, et le plus grand nombre pour la Saale. Quelques hommes de l'art, aujourd'hui encore, critiquent le choix de l'Elbe.

Sur ce choix, nous sommes de l'avis de M. Thiers et il ne nous en coûte pas pour reconnaître combien fut juste, profond et vaste le coup d'œil de Napoléon.

A notre avis, ce choix seul suffirait pour prouver les talents d'un grand capitaine.

Examinons un des arguments que quelques-uns de ses généraux faisaient valoir contre le choix de l'Elbe;

cela fera ressortir combien la critique est difficile.

Quelques généraux avaient jugé excellente la position de l'Elbe quand on n'avait affaire qu'aux Prussiens et aux Russes; mais depuis qu'il s'agissait des Autrichiens qui devaient se mettre contre nous, si nous avions la guerre, ces généraux étaient effrayés de se trouver sur l'Elbe, craignant de se voir tournés par ces derniers du côté de la Bohême et d'avoir ainsi l'ennemi sur nos derrières entre nous et Mayence, sur Leipzig par exemple.

Napoléon souriait à cette supposition « L'ennemi, leur disait-il, qui oserait s'avancer entre moi et le Rhin n'en reviendrait plus, tandis que celui qui oserait se placer entre moi et l'Elbe, me couperait de ma vraie base d'opération ! »

A notre avis Napoléon avait raison et grandement raison; ce qu'il disait de cette marche des alliés était vrai en tous points.

Aussi Napoléon désirait-il beaucoup que les alliés adoptassent cette manière de voir de ses généraux, il eût été au comble de ses désirs de les voir se jeter sur Leipzig.

Et pourtant qu'avons-nous vu?

Vers la fin de septembre, les alliés tentent précisément ce plan, cette marche audacieuse, et se mettent en route, les uns par le nord, les autres par le sud, pour se rendre à Leipzig afin de couper les communications et la retraite à Napoléon.

Qu'arriva-t-il ?

L'annonce de cette nouvelle rénd Napoléon joyeux; mais cette marche audacieuse des alliés qui comblait les vœux de Napoléon, dont lui-même avait prédit au mois de juillet qu'elle ferait leur perte, et dont il s'était flatté qu'ils n'en reviendraient pas s'ils l'osaient, lui qui s'était promis de si beaux résultats de cette manœuvre des alliés; c'est au contraire lui qui est forcé de battre en retraite ! Et quelle retraite ! La plus désastreuse, la plus épouvantable, suivie du plus grand carnage qui se soit jamais vu ; car jamais pareil nombre d'hommes sur le même champ de bataille ne s'était vu se disputant l'empire du monde au son formidable de 2000 bouches à feu.

120 000 hommes restèrent sur le champ de bataille étendus dans une boue de sang et de chair humaine.

Eh bien, faudra-t-il donc en conclure, parce que le résultat a été tout le contraire de ce que Napoléon avait prédit, que Napoléon s'était trompé ?

Faudrait-il en conclure qu'en marchant sur Leipzig, les alliés furent bien inspirés, que leur plan était sage et habilement conçu ?

Non, mille fois non. Cette marche des alliés était bien la plus imprudente, la plus folle qu'ils pouvaient choisir, et, s'ils en sortirent victorieux, s'ils n'en furent pas détruits, ce n'est point leur faute, mais ce fut celle de Napoléon, faute qu'il commit le 7 octobre et qu'il aggrava le 10 au soir en prenant la décision d'aller à Berlin.

Oui : si Napoléon, le 7 octobre, s'était rappelé cette marche, ce qu'il en avait pensé au mois de juillet dans ses causeries avec ses lieutenants, c'en était fait des Autrichiens.

Or pour exécuter sa pensée du mois de juillet, que fallait-il qu'il fît?

La chose était simple, toute tracée, et dans son pittoresque langage, il l'avait indiquée d'un seul mot lorsqu'il disait « *qu'ils n'en reviendraient pas.* » Cela ne voulait-il pas dire que non seulement ils seraient en partie détruits mais qu'il couperait la retraite aux survivants et les ferait prisonniers?

Or, pour que cela eût lieu, il fallait absolument couper l'ennemi de sa retraite vers les montagnes de Bohême, il fallait ne partir de Dresde que lorsque l'ennemi se serait entièrement engagé dans la plaine, attendre que son arrière garde eût atteint Schmnitz. Alors sortant de Dresde le 7 ou le 8 d'octobre et tombant comme la foudre sur les derrières et sur les flancs de cette armée de Bohême, alors au lieu d'avoir nos communications coupées par les Autrichiens, c'eût été Napoléon au contraire qui eût coupé les leurs, en les séparant cette fois de leurs montagnes de Bohême. Il mettait ainsi Schwarzemberg dans la mauvaise position où ce dernier espérait placer Napoléon. Et de plus, en les prenant ainsi par derrière, il les aurait surpris en désordre juste à l'endroit où on ne l'attendait pas. Et, avantage immense pour nous, c'est que atteignant cette armée le 10, le 11, ou le 12, alors que Blücher et Bernadotte étaient encore au loin vers Dessau, il n'aurait eu affaire qu'à l'armée de Bohême, qui aurait eu à combattre l'armée française à forces égales et se serait trouvée prise entre deux feux, entre Murat et Napoléon. Entre ces deux étaux elle devait être détruite, hachée, des milliers de prisonniers devaient être faits, et probablement aussi les trois souverains.

En un seul jour il aurait pu briser la coalition et voir l'Europe à ses pieds !

Certes nous n'exagérons pas ; tous les hommes compétents conviendront que Napoléon, combattant à forces égales et placé dans de si belles conditions, devait recueillir de bien beaux résultats et bien plus grandioses cent fois, lors même qu'il n'eût pas fait les souverains prisonniers, que tous ceux qu'il se promettait en allant à Berlin à cette même époque (10 octobre).

De plus, par cette marche, il ne mettait en danger ni sa ligne d'Elbe, ni ses lieutenants et il n'eût pas fatigué ses soldats par des courses inutiles.

On voit par cet exemple, que malgré l'insuccés de Napoléon, nous n'en approuvons pas moins sa manière de voir du mois de juillet 1813, et nous soutenons que ses prédictions de cette époque, bien qu'elles ne se soient pas vérifiées, n'en étaient pas moins réalisables en tous points, et qu'il n'a tenu qu'à Napoléon qu'elles se fussent réalisées.

Cela démontre aussi que la marche des alliés, aussi

aventureuse que folle, n'eut pas moins un succès inespéré.

M. Thiers pense, lui, qu'avec les soldats d'Iéna, d'Austerlitz, cette marche sur Berlin aurait pu réussir comme Napoléon le désirait, et M. Thiers en infère de là, que c'est à la politique de Napoléon et non à sa tactique, qu'il faut attribuer son erreur, parce que, dit-il, Napoléon avait besoin plus que jamais, pour satisfaire son ambition toujours plus grande, et que pour maintenir son prestige et cette ambition, il en était réduit à concevoir d'aussi grandes manœuvres qu'en 1805 et 1809.

Ce sont là de belles phrases, de grands mots, et rien de plus; car rien n'est moins vrai.

Sans aucun doute les soldats de 1813 ne valaient pas ceux d'Austerlitz, mais cela ne prouve rien. Car nous posons en fait, et nous ne craignons point le démenti, en soutenant que même avec les soldats d'Austerlitz, même avec ceux de Marengo, cette manœuvre sur Berlin, tentée le 10 octobre, n'aurait point réussi, tant il y avait de dangers pour notre ligne de l'Elbe. Ces places de l'Elbe devenaient pour nos adversaires une proie si facile à saisir dans cette circonstance, qu'on devra toujours regarder cette marche sur Berlin, non pas seulement comme une marche audacieuse, téméraire, et hors de tout à-propos, mais comme une grave erreur de tactique, tant étaient grands les avantages bien plus faciles à obtenir par tout autre plan.

On voit aussi combien la critique est difficile, puisqu'un homme comme M. Thiers a pu se tromper au point de dire que dans cette campagne Napoléon déploya autant de prévoyance, autant de génie, et que ses combinaisons furent aussi justes, aussi profondes que jamais.

Suffit-il donc, aux yeux de M. Thiers, de concevoir de grandes marches, et de les exécuter, pour dire que c'est là de vastes conceptions et la preuve d'un grand génie? Serait-ce donc à la longueur de la route parcourue, que M. Thiers mesurerait la grandeur du génie d'un capitaine?

Non, — il a toujours semblé à nous et à beaucoup de monde que le génie consiste précisément à ne tenter que des choses possibles; certainement que plus l'opération sera difficile, plus il y aura de mérite, mais montrer du génie, n'est-ce pas de distinguer nettement et promptement l'exacte limite entre une chose très-difficile et une chose impossible *avec les moyens dont on dispose?*

Napoléon lui-même, dans cette campagne, nous a donné nombre de preuves de ce bon sens dans plusieurs circonstances. Ainsi, pour n'en citer qu'un exemple, — le 10 septembre, il renonça à passer le col du Geyesberg, et cela, malgré l'avis de Saint-Cyr qui l'engageait beaucoup. Et pourquoi y renonça-t-il?

La chose était pourtant possible, mais il avait calculé qu'il était impossible que son artillerie le franchît à temps; or, ce passage effectué vingt-quatre heures trop tard, n'eût produit que des résultats insignifiants, et peut-être même l'exposait à un échec. Aussi, il y renonce, malgré les beaux résultats qu'il en eût recueillis *si le passage avait pu s'accomplir à temps;* mais Napoléon ne l'espérait pas.

Cependant Saint-Cyr était d'un avis contraire, et croyait arriver à temps; aussi, déplore-t-il de n'avoir pas retrouvé, en Napoléon, l'homme que le Saint-Bernard n'avait pu jadis ni intimider ni arrêter.

Nous ne voulons point nous faire juge sur la question de savoir si le passage pouvait oui ou non s'effectuer à temps. Nous dirons seulement que Saint-Cyr a tort de comparer le passage du Saint-Bernard avec celui du col de Geyesberg.

De ce que le passage du Saint-Bernard avait pu s'effectuer, il ne devrait pas conclure que celui du Geyesberg devait l'être aussi; ce dernier fût-il encore beaucoup plus facile que le premier. Non, c'est le résultat qu'on

en espère, qui est la première chose à voir; c'est aux
résultats qu'on doit voir si la chose a dû être tentée ou
non.

Et c'est en cela que nous admirons Napoléon dans ce
cas, parce que s'il eût passé le col vingt-quatre heures
ou peut-être même que douze heures trop tard, il n'obtenait aucun avantage, et courait, au contraire, la chance
d'être écrasé.

Arrivant à temps, il aurait pu surprendre et détruire
un corps de 70 mille hommes qu'il avait sur son flanc;
mais trop tard, il s'exposait à le trouver réuni à d'autres
forces, et pouvait, au pied de ces montagnes, rencontrer des forces trois fois supérieures aux siennes et se
voir écrasé; voici pourquoi nous admirons ici sa prudence.

Et nous admirons sa témérité au Saint-Bernard,
parce qu'il ne pouvait pas s'éviter de passer les Alpes.
Qu'il arrivât un jour plus tard, n'offrait pas de grands
inconvénients; que ce fût par le Saint-Bernard ou ailleurs,
il fallait absolument qu'il descendît en Italie, et il est à
remarquer que si le Saint-Bernard était difficile à franchir, et plus difficile que les autres routes, celle-ci, une
fois franchie, arrivée en plaine au pied des montagnes,
le débouché offrait moins de difficultés que partout ailleurs. L'ennemi ne l'attendait pas de ce côté, n'avait
rien fait pour s'y opposer. Et ce qui fait que l'on doit
admirer ici sa témérité, c'est que par cette route l'ennemi était tourné.

Disons donc, que si Napoléon n'avait été que prudent
ou s'il n'avait été que téméraire, il n'aurait pas acquis
autant de gloire; mais s'il s'est trompé quelquefois, et
nous croyons l'avoir prouvé, on peut dire néanmoins
que ce qui lui a valu les plus grands succès, ce qui lui
a permis d'accomplir des prodiges et ce qui en a fait un
des premiers capitaines du monde, c'est précisément
d'avoir su, la plupart du temps, allier les qualités les
plus diverses et les plus contraires, d'avoir enfin su être

prudent et téméraire, suivant les cas, c'est-à-dire à propos.

On se convaincra des difficultés de la critique lorsqu'on voit le maréchal Saint-Cyr, un des officiers les plus capables et des plus distingués de cette époque, s'étonner de la prudence de Napoléon et ne pas comprendre que l'homme qui avait osé franchir le Saint-Bernard, s'arrêtât devant un obstacle moins grand et bien moins difficile.

On ne doit donc pas s'étonner non plus d'entendre soutenir par M. Thiers cette erreur, que c'est, non pas à la tactique de Napoléon, mais à sa politique qu'il faut attribuer nos revers de 1813.

Nous croyons avoir démontré le contraire.

Nous ajouterons un dernier argument en faveur de notre opinion : C'est que si Napoléon n'avait pas cru le succès possible, en juillet 1813, il eût fait la paix, car elle ne dépendait que de lui, et il aurait attendu une autre époque pour satisfaire son ambition ; de même qu'il savait ordinairement attendre le moment propice pour tomber sur l'ennemi, il aurait attendu le moment propice pour déclarer la guerre.

Mais si M. Thiers se trompe pour 1813, il est dans le vrai en disant cela de la campagne de 1814.

Car en 1814, ce ne fut pas lui qui rechercha les combats, à cette heure il désirait la paix, et c'est à sa politique qu'on peut attribuer cette nouvelle position où il se trouvait, et qui l'obligeait à rentrer de nouveau dans l'arène pour se défendre. De plus, s'il a succombé en 1814, on sait que ce ne fut que sous le grand nombre. Oui, mais s'il a succombé sous le grand nombre, c'est à sa politique qu'il faut attribuer cette énorme disproportion de forces. Oui, avec une politique différente, bien que la France fût fatiguée, épuisée en hommes et en argent, il aurait néanmoins pu avoir, non pas 80 mille hommes, mais 800 mille au besoin pour défendre notre sol. — Et, si le peuple entier ne vola pas aux armes...

à qui la faute... si ce n'est à lui, à sa politique qui
était désapprouvée par la nation entière.

Oui, c'est parce que la liberté était absente de la
France, que nos ennemis ont pu y rentrer.

On aurait de la peine à nous croire si nous étions
seul à soutenir cette thèse.

Aussi voulons-nous citer à l'appui, l'opinion d'un
homme qui aura plus de poids à elle seule que celle
de tous les historiens du monde: on l'a déjà compris,
on a déjà deviné, quel est cet homme qui pensait comme
nous, que la liberté seule, comme en 92, pouvait soulever le peuple et forcer l'ennemi à repasser les frontières :

A Arcis-sur-Aube, 30 mille Français se battaient là et
mouraient comme des héros sous le feu de 150 mille
Autrichiens, et 100 mille Russes et Prussiens s'avan-
çaient encore pour cerner Napoléon. Dans ce combat si
inégal l'avantage devait rester au nombre et il fallait songer à se retirer si on ne voulait être fait tous prisonniers.
Au milieu du feu, un Corse, le général Sébastiani, avec
lequel Napoléon s'entretenait parfois familièrement, s'é-
tant approché de lui : « Eh bien, général, que dites-vous
« de ce que vous voyez? — Je dis, répondit le général,
« que Votre Majesté a sans doute d'autres ressources que
« nous ne connaissons pas. — Celles que vous avez
« sous les yeux, reprit Napoléon, et pas d'autres!... —
« Mais alors comment Votre Majesté ne songe-t-elle pas
« à soulever la nation ? — Chimères!... répliqua Na-
« poléon. — Chimères, empruntées au souvenir de
« l'Espagne et de la révolution française! Soulever la
« nation dans un pays où la révolution a détruit les no-
« bles et les prêtres, et où *j'ai moi-même détruit la*
« *révolution!!!...* »

Napoléon reconnaissait donc que la liberté était bonne

à quelque chose et qu'un peuple libre qui ne se bat que pour son indépendance est invincible.

Ah! si au lieu de garder cela en théorie et dans son imagination, s'il l'eût mis en pratique, que de grandes choses il aurait pu faire!

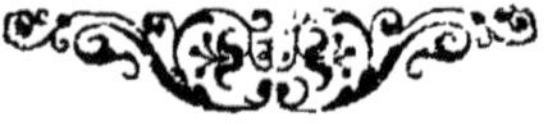

Paris. — Typ. Gaillet, rue du Jardinet, 1.

www.ingramcontent.com/pod-product-compliance
Ingram Content Group UK Ltd.
Pitfield, Milton Keynes, MK11 3LW, UK
UKHW020939140726
13695UKWH00003B/1104